plurall

Parabéns!
Agora você faz parte do **Plurall**, a plataforma digital do seu livro didático!
Acesse e conheça todos os recursos e funcionalidades disponíveis para as suas aulas digitais.

Baixe o aplicativo do **Plurall** para Android e IOS ou acesse **www.plurall.net** e cadastre-se utilizando o seu código de acesso exclusivo:

AASCYJW6H

Este é o seu código de acesso Plurall.
Cadastre-se e ative-o para ter acesso aos conteúdos relacionados a esta obra.

@plurallnet

@plurallnetoficial

SOMOS
EDUCAÇÃO

PORTUGUÊS: LINGUAGENS

3

William CEREJA
Professor graduado em Português e Linguística e licenciado em Português pela Universidade de São Paulo (USP)
Mestre em Teoria Literária pela Universidade de São Paulo (USP)
Doutor em Linguística Aplicada e Análise do Discurso pela Pontifícia Universidade Católica de São Paulo (PUC-SP)
Professor da rede particular de ensino em São Paulo, capital

Carolina Dias VIANNA
Professora graduada e licenciada em Português pela Universidade Estadual de Campinas (Unicamp-SP)
Mestra em Linguística Aplicada pela Universidade Estadual de Campinas (Unicamp-SP)
Doutora em Linguística Aplicada pela Universidade Estadual de Campinas (Unicamp-SP)
Professora das redes pública e particular de ensino em São Paulo e Minas Gerais

Paula BARACAT De Grande
Graduada e licenciada em Letras pela Universidade Estadual de Campinas (Unicamp-SP)
Mestra em Linguística Aplicada pela Universidade Estadual de Campinas (Unicamp-SP)
Doutora em Linguística Aplicada pela Universidade Estadual de Campinas (Unicamp-SP)
Professora no ensino básico e no ensino superior em São Paulo e no Paraná

Atual Editora

Editora Saraiva

Presidência: Mario Ghio Júnior

Vice-presidência de educação digital: Camila Montero Vaz Cardoso

Direção editorial: Lidiane Vivaldini Olo

Gerência de conteúdo e design educacional – Soluções completas: Viviane Carpegiani

Edição: Fernanda Vilany, Mônica Rodrigues de Lima e Paula Junqueira

Preparação de texto: Noé Gonçalves Ribeiro

Planejamento e controle de produção: Flávio Matuguma (ger.), Juliana Batista (coord.), Vivian Mendes (analista) e Sueli Ramos (analista)

Revisão: Letícia Pieroni (coord.), Aline Cristina Vieira, Anna Clara Razvickas, Brenda T. M. Morais, Carla Bertinato, Daniela Lima, Danielle Modesto, Diego Carbone, Kátia S. Lopes Godoi, Lilian M. Kumai, Malvina Tomáz, Marília H. Lima, Paula Rubia Baltazar, Paula Teixeira, Raquel A. Taveira, Ricardo Miyake, Shirley Figueiredo Ayres, Tayra Alfonso e Thaise Rodrigues

Arte: Fernanda Costa da Silva (ger.), Catherine Saori Ishihara (coord.), Meyre Diniz e Veronica Yuri Onuki (edição de arte)

Diagramação: Arte4

Iconografia e tratamento de imagem: Roberta Bento (ger.), Claudia Bertolazzi (coord.), Cristina Akisino (pesquisa iconográfica) e Fernanda Crevin (tratamento de imagens)

Licenciamento de conteúdos de terceiros: Roberta Bento (ger.), Jenis Oh (coord.), Liliane Rodrigues, Raísa Maris Reina e Cristina Akisino (analistas de licenciamento)

Ilustrações: Biry Sarkis, Clarissa França, Felipe Câmelo, Filipe Rocha, Formato, Giz de Cera, Hélio Senatore, Ilustra Cartoon, Jean Galvão, Lie Kobayashi, Roberto Weigand e Vanessa Alexandre

Design: Erik Taketa (coord.) e Talita Guedes da Silva (proj. gráfico e capa)

Foto de capa: Dmytro Vietrov/Shutterstock, Paul Klee/Coleção particular e Marco Antonio Sá/Pulsar Imagens

---

Avenida Paulista, 901, 6º andar – Bela Vista
São Paulo – SP – CEP 01310-200
http://www.somoseducacao.com.br

Dados Internacionais de Catalogação na Publicação (CIP)

Cereja, William Roberto
Português linguagens 3º ano / William Roberto Cereja, Carolina Dias Vianna, Paula Baracat De Grande. - 8. ed. - São Paulo : Atual, 2021.

Suplementado pelo manual do professor
Bibliografia
ISBN 978-85-5769-235-0 (aluno)
ISBN 978-85-5769-240-4 (professor)

1. Língua portuguesa (Ensino fundamental) I. Título II. Vianna, Carolina Dias III. De Grande, Paula Baracat

21-1312 CDD 372.6

Angélica Ilacqua – Bibliotecária – CRB-8/7057

2021
8ª edição
1ª impressão
De acordo com a BNCC.

Impressão e acabamento

Oceano Indústria Gráfica e Editora Ltda
CNPJ: 67.795.906/0001-10
Rua Osasco, 644 - Rod. Anhanguera, Km 33
CEP 07753-040 - Cajamar - SP

Uma publicação SOMOS EDUCAÇÃO

APRESENTAÇÃO

CARO ESTUDANTE:

NÓS, AUTORES, ESCREVEMOS ESTE LIVRO PENSANDO EM VOCÊ.

VOCÊ QUE NÃO PASSA UM DIA SEM PERGUNTAR "POR QUÊ?".

VOCÊ QUE GOSTA DE BRINCAR, DE APRENDER, DE TROCAR IDEIAS COM OS AMIGOS SOBRE MIL ASSUNTOS, DE DAR OPINIÕES SOBRE TUDO...

VOCÊ QUE ESTÁ COMEÇANDO A PERCORRER O CAMINHO DAS PALAVRAS ESCRITAS E SE ENCANTA COM AS BONITAS HISTÓRIAS QUE OS LIVROS CONTAM, COM OS SONS DAS PALAVRAS NOS VERSOS E NÃO DISPENSA UMA HISTÓRIA EM QUADRINHOS.

VOCÊ QUE SE "LIGA" NO MUNDO, GOSTA DE LER, DE ESCREVER, DE OUVIR MÚSICA, DE ASSISTIR À TELEVISÃO E A FILMES E NÃO PERDE A OPORTUNIDADE DE NAVEGAR NA INTERNET.

E TAMBÉM VOCÊ QUE, CHEIO DE VIDA E IMAGINAÇÃO, ADORA PARTICIPAR DE UM TRABALHO DIFERENTE COM A TURMA: BRINCAR DIFERENTES TIPOS DE BRINCADEIRA, PRODUZIR UM LIVRO DE HISTÓRIAS, DESENHAR UMA HISTÓRIA EM QUADRINHOS, FAZER TEATRO DE FANTOCHES, DECLAMAR POEMAS, CANTAR, PESQUISAR SOBRE ASSUNTOS VARIADOS, MONTAR UMA EXPOSIÇÃO, ETC., ETC.

ESCREVEMOS ESTE LIVRO PENSANDO EM VOCÊ, QUE GOSTA DE SE COMUNICAR E, POR MEIO DA LEITURA E DA ESCRITA, PRETENDE APERFEIÇOAR SUA CAPACIDADE DE INTERAGIR COM AS PESSOAS E COM O MUNDO EM QUE VIVE.

UM ABRAÇO,
OS AUTORES

PARA TODOS OS PROFESSORES
E PROFESSORAS QUE
COMPARTILHAM O SONHO DE
EDUCAR E TRANSFORMAR.

AGRADECIMENTOS

AGRADECEMOS, COM UM CARINHO ESPECIAL, A NOÉ G. RIBEIRO, QUE EDITOU ESTA OBRA COM EMPENHO INCOMUM E COM INDISPENSÁVEIS SUGESTÕES; A MÔNICA RODRIGUES DE LIMA, PAULA JUNQUEIRA E FERNANDA VILANY, PELO APOIO INCONDICIONAL; A CRISTINA AKISINO, PELA CUIDADOSA E CRIATIVA PESQUISA ICONOGRÁFICA. E A TODOS OS PROFESSORES DO PAÍS QUE NOS ENVIARAM SUGESTÕES E CRÍTICAS.

SUMÁRIO

UNIDADE 1

INFÂNCIA

Para você, o que é ser criança? É brincar e se divertir com os amigos? É estudar e aprender uma série de coisas curiosas sobre o mundo? É curtir o carinho dos pais, dos irmãos, dos tios e dos avós? É navegar na internet e se divertir com *sites* e jogos legais? Participe, nesta unidade, de várias atividades que vão ajudar você a registrar suas memórias de infância e levá-las para a vida inteira.

Hello World/Getty Images

A mola da infância

Balança criança
o tempo da infância,
a corda avança
de lá para cá...
O que mudou?
Cabe pensar...
Lá tem menino
de pernas pro ar,
plantando a liberdade,
natural da idade.
[...]
Tem carneiro na cidade
e uma linda lua cheia
ascendendo a claridade
da criança de verdade...
[...]

Sergey Nivens /Shutterstock

(Fátima Miguez. *Brasil-menino*. São Paulo: DCL, 2005. p. 36-37.)

Giz de Cera/Arquivo da editora

DIVIRTA-SE... E FIQUE POR DENTRO!

LIVROS

Vá à biblioteca da escola ou à biblioteca do bairro ou da cidade onde você mora e veja se os livros indicados a seguir estão disponíveis para empréstimo. Se não estiverem, selecione outros sobre o tema desta unidade.

Reprodução/Editora Companhia das Letras

- *Cantigas por um passarinho à toa*, de Manoel de Barros (Companhia das Letrinhas).
  Escrito para crianças, este livro promove muitas brincadeiras com palavras e estimula a imaginação dos leitores a partir de situações incomuns, como árvores que falam, um menino que mora em uma garça, uma rã que sonha ser passarinho. Pura diversão!
- Leia também: *Versos para os pais lerem aos filhos em noites de luar*, de José Jorge Letria e André Letria (Peirópolis); *O menino que vendia palavras*, de Ignácio de Loyola Brandão (Objetiva); *Uma menina chamada Julieta* e *O Menino Maluquinho*, de Ziraldo (Melhoramentos); *Ser criança*, de Tatiana Belinky (Companhia das Letrinhas); *Poemas para brincar*, de José Paulo Paes (Ática); *Lili inventa o mundo*, de Mário Quintana (Globo).

SITES

- www.ziraldo.com/menino/home.htm (*site* do Menino Maluquinho)
- http://turmadamonica.uol.com.br (*site* da Turma da Mônica)
- https://mundo-do-sitio.blogspot.com/
- http://recreio.uol.com.br/
- http://tvratimbum.cmais.com.br/
- https://www.correioims.com.br/ (para ler cartas de escritores)

FILMES

Reprodução/Disney/Pixar

- *Divertida Mente*, de Pete Docter.
  Riley Anderson é uma garota de 11 anos que tem uma vida tranquila com a família. Porém, ao se mudar para outra cidade, passa a viver fortes emoções, como raiva, medo, tristeza e nojo, que se tornam personagens da história. Um filme divertido que mostra como controlar as emoções.
- Assista também aos filmes: *O retorno de Mary Poppins*, de Rob Marshall; *O menino e o mundo* e *Garoto cósmico*, de Alê Abreu; *Desventuras em série*, de Brad Silberling; *Matilda*, de Danny DeVito; *O mágico de Oz*, de Victor Fleming; *Peter Pan*, dos Estúdios Disney.

MÚSICAS

Reprodução/Palavra Cantada

- Ouça as canções "Criança não trabalha", de Paulo Tatit e Arnaldo Antunes, do CD *Canções curiosas*, e "Menina moleca", de Paulo Tatit e Zé Tatit, do CD *Pé com pé*, ambos da dupla Palavra Cantada; *Crianças crionças*, de Cid Campos (Sesc); *Canção de todas as crianças*, de Toquinho e Elifas Andreato (PolyGram).
- Ouça também os CDs *Palavra Cantada — Um minutiiiinho!* e *Carnaval Palavra Cantada*, de Sandra Peres e Paulo Tatit; *Para dar flor*, com canções de Fernanda Sander; *Adriana Partimpim* e *Adriana Partimpim 2*, de Adriana Calcanhotto (Sony Music).

OFICINA DE CRIAÇÃO

PROJETO: MEMÓRIAS DE INFÂNCIA

Ao final desta unidade, participe com os colegas da confecção de um portfólio sobre parte da sua infância, com lembranças sobre cartas e receitas de família, um diário semanal e outros itens que sejam importantes para você e que queira guardar como recordação dessa fase da sua vida.

Giz de cera/Arquivo da editora

CAPÍTULO 1

CRIANÇAS DE ONTEM E DE HOJE

LEITURA DE IMAGEM

Leia este cartum de Toni D'Agostinho:

© Toni D'Agostinho/Acervo do cartunista

1 O cartum apresenta duas partes: uma em cima, formada por três quadrinhos, e outra embaixo, formada por um único quadrinho. Cada uma das partes tem um número.

a) O que representam os números **1980** e **2020**?

____

b) Faça a conta: quantos anos há entre as duas épocas?

____

c) O que o cartum mostra?

____

____

____

2 Compare as duas partes do cartum.

a) Nomeie estas brincadeiras da primeira parte:

© Toni D'Agostinho/Acervo do cartunista

b) As brincadeiras da primeira parte do cartum são individuais ou coletivas?

____

c) E as da segunda parte do cartum?

____

____

d) Em qual das partes as crianças interagem mais fisicamente, pondo o corpo em movimento?

____

____

3 Em 1980, ainda não havia a internet para uso pessoal nem os telefones celulares.

Alfredo Rizzutti/Estadão Conteúdo

a) Você acha que as crianças se divertiam menos na década de 1980 do que hoje? Por quê?

____

____

b) As crianças de hoje também se divertem com os jogos eletrônicos e com outras formas de interação pela internet?

____

c) Você acha que as crianças de hoje brincam apenas com aparelhos eletrônicos e internet? Se não, que outras brincadeiras você incluiria na segunda parte?

____

____

4 Para você, de todas as brincadeiras que o cartum retrata, qual é a mais divertida? Por quê?

Alex Tihonovs/Shutterstock

____

____

5 Troque ideias com os colegas:

a) Do que você costuma brincar?

b) Você prefere brincar sozinho ou com outras crianças? Por quê?

c) Quando brinca com outras crianças, você prefere se divertir com jogos eletrônicos ou com atividades físicas e presenciais?

REFLEXÃO SOBRE A LINGUAGEM

DE OLHO NA LEITURA E NA ESCRITA: EMPREGO DE C/QU E G/GU — AS LETRAS E E O EM FINAL DE PALAVRAS

Leia este poema de Duda Machado:

O macaco que queria voar

Quinho era um macaco diferente.
Não gostava de comer banana
Nem de ficar imitando gente.

Mas não podia ver passarinho
Que tinha vontade de voar.
Parecia até um maluquinho,

Se deitava, rolava no chão,
Saltava entre os galhos e guinchava.
Voar que é bom, não voava não.

Desistia, ficava calado,
A mão no queixo, um jeito sério
E o ar de quem está concentrado

Aí é que parecia gente.
Nem se coçava, cruzava os braços,
Querendo pensar logicamente.

Biry Sarkis/Arquivo da editora

(*In*: Adriana Calcanhoto (org.). *Antologia ilustrada da poesia brasileira — Para crianças de qualquer idade*. 2. ed. Rio de Janeiro: Edições de Janeiro, 2014. p. 92.)

1 O macaco Quinho era diferente. O que ele queria fazer?

____

2 Marque aquilo que todos os macacos gostam de fazer, mas Quinho não gosta.

◯ comer banana

◯ voar

◯ deitar e rolar

◯ imitar gente

◯ saltar entre os galhos

3 O macaco até parecia gente quando:

◯ ficava calado, com a mão no queixo.

◯ saltava entre os galhos e guinchava.

◯ cruzava os braços e ficava pensando.

4 O poema apresenta muitas rimas. Escreva a palavra que rima com:

a) diferente: ______________________________

b) passarinho: ______________________________

c) chão: ______________________________

d) calado: ______________________________

e) gente: ______________________________

5 Faça um círculo em todas as palavras do poema que apresentam as letras **c** e **qu**.

6 Das palavras que você marcou, em três a letra **c** tem som de /s/ ("sê"). Quais são elas?

____

7 Nas demais palavras, as letras **c** e **qu** têm som de /k/.

a) Escreva essas palavras nas colunas da tabela a seguir.

Palavras com a letra C	Palavras com as letras QU

b) Nas palavras da coluna da esquerda, que letras vêm depois da letra **c**?

____

c) Nas palavras da coluna da direita, que letras vêm depois das letras **qu**?

____

8 Responda oralmente: Se você fosse incluir na tabela da página anterior o nome dos animais **cutia**, **cupim**, **curió**, em que coluna você colocaria? Por quê?

9 Preencha as lacunas para construir uma conclusão do estudo:

Para representar o som de /k/, empregamos:

- a letra **c** quando ela é seguida das vogais ____, ____ e ____.
- as letras **qu** quando elas são seguidas das vogais ____ e ____.

10 Agora, compare estas palavras, que apresentam as letras **c** e **ç**:

cenoura	taça	ácido	aço
cegonha	açude	cidade	

Conclua:

a) Qual é o som das letras **c** e **ç** nessas palavras: de /s/ ou de /k/?

____

b) Que vogais vêm depois da letra **c** quando ela tem esse som?

____

c) Que vogais vêm depois da letra **ç** quando ela tem esse som?

____

11 Agora, leia estas palavras:

gostava	gente	galhos
guinchava	logicamente	guri

a) Circule as sílabas em que tenha sido empregada a letra **g**.

b) Em quais das palavras acima a letra **g** tem som de "guê" (de **guerra** e **guilhotina**)? Escreva-as.

____

c) E em quais delas a letra **g** tem som de "jê" (como em **geleia** e **girafa**)?

____

12 Preencha as lacunas abaixo para construir uma conclusão do estudo: Para representar o som de /g/ ("guê"), empregamos:

- a letra **g** quando ela é seguida das vogais ____, ____ e ____.
- as letras **gu** quando elas são seguidas das vogais ____ e ____.

13 Agora, pronuncie em voz alta estas palavras do poema, prestando atenção ao som da última sílaba:

Quinho macaco gente
diferente passarinho maluquinho
vontade entre calado
queixo jeito sério
concentrado braços

Ilustra Cartoon/Arquivo da editora

a) Como é que você pronunciou as palavras terminadas em **o**? A letra **o** foi pronunciada com som de **o** ou de **u**? Responda oralmente.

b) E as palavras terminadas em **e**? A letra **e** foi pronunciada com som de **e** ou de **i**? Responda oralmente.

14 Agora, leia estas palavras em voz alta:

dente	centavo	dendê	avô

a) Faça um círculo na sílaba tônica de cada uma dessas palavras.

b) Agora, discuta com os colegas e com o professor e responda oralmente: Quando é que as letras **e** e **o** têm som de **i** e **u**?

15 Ouça a leitura que o professor vai fazer do poema a seguir. Depois, ouça novamente e escreva as palavras que faltam no poema. Fique atento ao emprego das sílabas **ca**, **co**, **cu**, **que**, **qui**, **ga**, **go**, **gu**, **gue**, **gui** e das letras **e** e **o** em final de palavra.

Esquisitices

Eu ______________________.
Muito ______________.

Já __________ o pé da mesa.
E bebi __________ com __________,
Fui à praia e no mar,
__________ um peixe __________.

Eu hoje __________
Muito __________.

Dei bom-dia pra __________
E relinchei pro __________,
Me pendurei no varal:
______________ estiver __________, __________!

Eu hoje __________
__________ esquisito.

__________ fogo na toalha
E __________ um __________.
Eu tô que tô: eu, hoje,
Muito __________!

Biry Sarkis/Arquivo da editora

(Sérgio Capparelli. *111 poemas para crianças*. Porto Alegre: L&PM, 2003.)

BRINCANDO COM PALAVRAS

1 Junte-se a um colega e tentem resolver a cruzadinha abaixo. Fiquem atentos ao emprego das sílabas **ca**, **co**, **cu**, **que**, **qui**, **ga**, **go**, **gu**, **gue**, **gui** e das letras **e** e **o** em final de palavras.

VERTICAL

1. Personagem de Ziraldo.

HORIZONTAIS

1. Fruto do mamoeiro, cujo nome científico é *Carica papaya*.
2. Objeto sobre o qual se dorme.
3. Macho da galinha.
4. O que o mágico faz.
5. O mesmo que **menino**.
6. O que se põe sobre um machucado.
7. Onde a gente senta.
8. Usado para prender a calça.
9. Instrumento musical que parece um violão pequeno.
10. Animal que gosta de cenoura.

								1	M						
							2		A						
						3			L						
						4			U						
				5					Q						
							6		U						
				7					I						
						8			N						
9									H						
							10		O						

2 Vamos brincar de **Stop**? Por meio de uma parlenda de escolha, selecionem o aluno que vai falar **Stop!**. A brincadeira começa assim: todos os alunos da turma devem falar juntos, em voz alta, estas sílabas, nesta ordem: **CA**, **QUE**, **QUI**, **CO**, **CU**, **GA**, **GUE**, **GUI**, **GO**, **GU**. Quando o aluno escolhido disser **Stop!** em uma dessas sílabas, todos devem escrever na tabela ao menos uma palavra em que essa sílaba seja empregada. Cada acerto vale 1 ponto, mas, se a palavra for escrita de forma errada, o ponto não deve ser contado. Por exemplo, se o aluno escolhido falar **Stop!** quando a turma estiver no **GA**, os colegas poderiam escrever **gato**, **gabiroba**, **Garanhuns**, **gaita** (infantil) e **galinha** (assada).

sílaba	animal	fruta	cidade	brinquedo	comida	pontuação
GA	gato	gabiroba	Garanhuns	gaita	galinha	5 pontos

Os vencedores serão aqueles que conseguirem preencher todos os campos ou tiverem a maior pontuação, desde que escrevam corretamente as palavras quanto ao emprego de **CA**, **QUE**, **QUI**, **CO**, **CU**, **GA**, **GUE**, **GUI**, **GO**, **GU**.

Jean Galvão/Arquivo da editora

3 Junte-se a um colega para brincar de forca, de modo que cada um proponha pelo menos duas forcas para o outro. Embaixo da força, escrevam a letra inicial, os tracinhos correspondentes às letras que o colega terá de adivinhar e a letra final da palavra pensada. Ela deve ter ao menos uma das sílabas que você está revisando neste capítulo: **CA**, **QUE**, **QUI**, **CO**, **CU**, **GA**, **GUE**, **GUI**, **GO**, **GU**. Além disso, a palavra escolhida deve terminar em **E** ou **I**. Veja o exemplo:

Ilustra Cartoon/Arquivo da editora

Jean Galvão/Arquivo da editora

Ilustrações: Ilustra Cartoon/Arquivo da editora

PRODUÇÃO DE TEXTO

A CARTA PESSOAL

Você já leu ou escreveu uma carta? No passado, quando não havia telefone, internet, redes sociais e aplicativos para troca de mensagens, a carta era o meio mais usado para enviar uma mensagem a uma pessoa distante. Às vezes, levava dias para que ela chegasse ao seu destino; às vezes, meses e até anos!

Kudryashka/Shutterstock

Há vários tipos de carta, com diferentes finalidades. Elas podem servir para contar a um parente ou a um amigo distante como vão as coisas; para fazer um pedido a alguém; para encaminhar uma reclamação a uma autoridade, etc.

Você vai ler, a seguir, uma **carta pessoal**. Trata-se de uma carta enviada por uma avó à sua neta em 2020, durante a pandemia do coronavírus, causador da covid-19.

Fernando Favoretto/Criar Imagem

Juiz de Fora, 20 de maio de 2020.

Querido Francisco,

Como você está, meu amor? Estou escrevendo essa cartinha para dizer que estou com muitas saudades de você e de seus irmãos.

Esse tal de coronavírus complicou a vida de todo mundo, e já não posso ir até aí para conversarmos, para contar histórias e rirmos, como fazíamos antes.

Mas não tem problema. Continue fazendo vídeos para me contar o que tem feito, como andam as aulas on-line, do que tem brincado, como estão seus irmãos... Eu também mando os meus.

Não vejo a hora que tudo isso termine para que a gente possa se visitar, se abraçar e se beijar muito.

Li sua redação sobre a natureza e os bichos e fiquei muito orgulhosa de ser sua avó e ter um neto assim, tão consciente.

Um beijo bem grande e gostoso para você, para a Marina, para o Vinícius e para os seus pais.

Vovó Marisa

1 As cartas geralmente apresentam os seguintes itens:

- a data e o local no início do texto;
- o nome do destinatário (a pessoa para quem a carta é enviada);
- o assunto principal;
- a despedida;
- o nome ou a assinatura do remetente (a pessoa que está enviando a carta).

Responda:

a) Em que local e data foi produzida a carta lida?

____

____

b) Quem é o remetente, ou seja, quem escreveu a carta?

____

c) Quem é o destinatário, ou seja, para quem a carta foi escrita?

____

____

d) De que modo o destinatário foi identificado na carta?

____

____

A PANDEMIA DO NOVO CORONAVÍRUS

Em março de 2020, o Brasil foi surpreendido com a notícia de que um novo vírus, que tinha surgido na China em 2019 e estava se espalhando pelo mundo, tinha chegado ao país.

Como ainda não havia uma vacina, foi recomendado pelas organizações de saúde do mundo inteiro que as pessoas fizessem isolamento social, isto é, ficassem em casa e saíssem apenas em ocasiões realmente necessárias. Escolas suspenderam as aulas presenciais, muitas pessoas passaram a trabalhar em casa e muitos familiares ficaram sem se ver pessoalmente durante muitos meses.

E, neste primeiro ano da pandemia, a orientação para o isolamento social foi mais fortemente direcionada aos idosos, a fim de evitar a contaminação dessa parte da população, que no começo sofreu mais com a doença provocada por esse vírus.

Giz de Cera/Arquivo da editora

e) Qual é o assunto da carta? Responda oralmente.

f) Que expressão foi usada como despedida?

____

g) A carta foi assinada pelo remetente?

____

2. Leia o boxe "A pandemia do novo coronavírus". Depois, indique o trecho que faz referência direta à pandemia:

◯ "Estou escrevendo essa cartinha para dizer que estou com muitas saudades de você e de seus irmãos."

◯ "Esse tal de coronavírus complicou a vida de todo mundo [...]".

◯ "[...] fiquei muito orgulhosa de ser sua avó e ter um neto assim, tão consciente".

3. A carta cita um jeito que avó e neto encontraram para continuar se comunicando durante a pandemia e para que pudessem contar um ao outro o que estavam fazendo.

a) Qual foi esse jeito?

____

____

____

____

b) Você também costuma se comunicar com familiares distantes dessa forma? Se sim, conte para os colegas como é essa experiência.

4 Na carta pessoal, a linguagem geralmente é bem simples, como em uma conversa.

a) Há, na carta lida, alguma palavra ou expressão que você não conheça? Se sim, escreva e comente com o professor.

____

____

b) E há algum trecho da carta que você não tenha compreendido? Se sim, escreva e comente com o professor.

____

____

5 Na carta pessoal, é comum expressarmos sentimentos, como alegria, tristeza, afeto, carinho, etc. Entre os trechos a seguir, marque aqueles que expressam sentimentos.

- ◯ "[...] estou com muitas saudades de você e de seus irmãos."
- ◯ "Continue fazendo vídeos [...]"
- ◯ "[...] para que a gente possa se visitar, se abraçar e se beijar muito."
- ◯ "Li sua redação [...]"
- ◯ "[...] fiquei muito orgulhosa de ser sua avó e ter um neto assim, tão consciente"
- ◯ "Um beijo bem grande e gostoso para você [...]"

6 Você também já escreveu ou recebeu uma carta? Se sim, conte aos colegas como foi essa experiência.

O ENVELOPE DA CARTA

Hoje podemos enviar uma carta de várias formas: pelo correio, por *e-mail*, por aplicativos de troca de mensagens. Porém, a forma tradicional é a carta acondicionada em um envelope e enviada pelo correio.

Para isso, é preciso saber preencher corretamente o envelope. Observe os dois lados do envelope. Na frente, escrevemos o nome e o endereço do **destinatário**, isto é, da pessoa a quem enviamos a carta. Veja:

No verso do envelope, escrevemos o nome e o endereço do **remetente**, ou seja, de quem está enviando a carta.

AGORA É A SUA VEZ

1. Participe da produção coletiva de uma carta. Com a orientação do professor, você e os colegas deverão escrever uma carta para outra turma do colégio, do mesmo ano ou de outro ano. Nessa carta, vocês poderão abordar vários assuntos, entre eles o que estão aprendendo neste ano, um livro que tenham lido, uma excursão que tenham feito ou que vão fazer, situações engraçadas que já aconteceram na sala de aula, como comemoram os aniversários, etc. E poderão também fazer perguntas aos colegas. Por exemplo, se forem alunos mais velhos, poderão perguntar como é estudar naquele ano, se eles conhecem o livro que vocês leram, se as matérias são as mesmas que as do 3º ano, quantos professores eles têm, do que mais gostam na escola, etc.

2. Escreva uma carta a um familiar mais velho, como um de seus avós ou tios, por exemplo, e pergunte como foi a infância dele. Conte como está sendo a sua infância e pergunte a ele o que mudou do passado em relação aos dias de hoje.

3. Escreva uma carta a uma pessoa querida que resida ou esteja em outro lugar. Pode ser um familiar (avós, tios, primos, irmãos), um amigo, um colega de escola com quem você estudou no passado, etc. Providencie o endereço dessa pessoa (com CEP) antes de começar a redigir. Planeje os assuntos que vai abordar na carta, como o que está fazendo e estudando, como vai a família, suas brincadeiras e coleções preferidas, animais de estimação, etc.

PLANEJAMENTO DO TEXTO

Siga estas orientações para escrever sua carta:

- Escreva o nome da cidade onde mora e a data.
- Inicie a carta com uma saudação adequada, considerando a relação que você tem com o destinatário, como **querido(a)**, **prezado(a)** ou **caro(a)**, seguida do nome dele(a).

- Decida qual será o assunto principal da carta e faça uma lista com outros tópicos que você também deseja comentar.
- Comece o corpo do texto da carta apresentando o assunto principal e, em seguida, desenvolva os outros tópicos que anotou, criando um novo parágrafo quando o assunto for muito diferente do anterior.
- No final, escreva uma expressão de despedida, também adequada à intimidade que você tem com o destinatário, e assine. Para a primeira proposta, a assinatura pode ser, por exemplo, "Alunos do 3º A"); para a segunda e a terceira proposta, escreva seu nome ou apelido.
- Empregue uma linguagem simples, como a que é usada no ambiente familiar ou no escolar.

REVISÃO E REESCRITA

Antes de passar sua carta a limpo, releia-a, observando:

- A carta apresenta local e data?
- Há uma saudação com uma expressão carinhosa ou cordial?
- O destinatário está claramente identificado?
- O assunto foi bem desenvolvido, dividido em parágrafos que deixaram as ideias mais organizadas?
- Há uma expressão de despedida e a assinatura do remetente?
- A linguagem está simples, correta e clara?

Quando as cartas que escreveram estiverem concluídas, vocês devem colocá-las em um envelope e encontrar a melhor opção para enviá-las. No caso da carta coletiva, se os destinatários forem alunos da mesma escola, vocês podem pedir ao professor que providencie a entrega ao professor da outra turma. No caso da carta pessoal, vocês podem encontrar um portador, isto é, alguém que possa entregar a carta em mãos ao destinatário. Outra opção é postar a carta no correio. Para isso, vocês devem escrever atentamente no envelope o endereço e o CEP do remetente (da escola ou de vocês) e indicar corretamente quem é o destinatário, assim como o endereço completo dele.

A CARTA E O CEP

Para que uma carta chegue corretamente ao destinatário, é necessário colocar o código de endereçamento postal, conhecido como CEP. Você pode encontrar o CEP de qualquer endereço do Brasil acessando o *site* http://www.buscacep.correios.com.br/sistemas/buscacep/default.cfm.

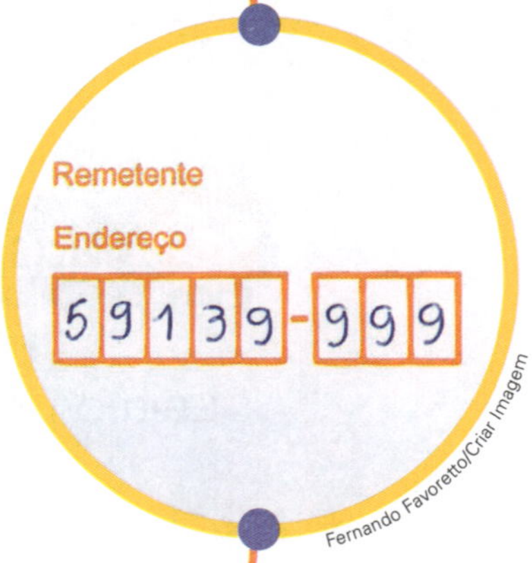

DIVIRTA-SE

— Pai, você...

— Quieto, Miguel! Você sabe que não se deve falar à mesa.

— Mas, pai, você tem...

— Não ouviu sua mãe, Miguel? Quando acabar de comer, você fala.

A refeição continua então em silêncio. Miguel sorri cada vez mais. Depois de engolir a última folha de alface, o pai de Miguel pergunta:

— E então, o que é que você tinha para me dizer tão urgente?

— Ah! Agora é tarde! — diz Miguel, sorrindo. — Eu queria avisar você que tinha uma lagarta na sua salada!

(Fabrice Lelarge. *365 piadas: para crianças a partir dos 7 anos*. Barueri, SP: Girassol, 2006.)

CAPÍTULO 2

INFÂNCIA EM QUADRINHOS

LEITURA

Leia o poema:

Infância

Chutei bola na chuva,
Roubei laranja, banana,
Goiaba e uva,
[...]
Rachei a cabeça,
Cortei o dedo,
Tremi de medo,
Escorreguei na lama,
Fiz xixi na cama,
Soltei pipa,
Esfolei o joelho,
Criei um coelho,
Andei no mato,
Perdi um sapato,
Pesquei na represa,
Ganhei um presente,
Tive dor de dente,
Caí do muro,
Chorei no escuro,
Faltei na escola,
Descobri um tesouro,
Sonhei com besouro,
Libertei passarinho,
Fui uma história em quadrinho.

Biry Sarkis/Arquivo da editora

(Lalau e Laurabeatriz. *Bem-te-vi e outras poesias.* São Paulo: Companhia das Letrinhas, 1994. p. 28-29.)

OS SENTIDOS DO TEXTO

1 Qual é o assunto do poema?

____

____

____

____

2 A pessoa que fala no poema cita um conjunto de ações que fazia na infância.

a) Essas ações ocorreram no passado ou estão ocorrendo agora, no presente? Como você sabe?

____

____

____

____

____

b) Portanto, a pessoa que fala no poema é hoje adulto ou criança?

____

____

____

QUEM SÃO LALAU E LAURABEATRIZ?

Lalau é poeta e Laurabeatriz é a ilustradora dos poemas de Lalau.
Parceiros desde 1994 em livros de poesia para crianças, já lançaram mais de 20 livros, entre eles *Bem-te-vi e outras poesias* (o primeiro trabalho que realizaram juntos), *Futebol!*, *Girassóis* e *Fora da gaiola*.

Divulgação/Acervo do autor

3 Identifique no poema uma ou duas ações que:

a) envolvem brincadeira, brinquedo ou lazer.

____

b) demonstram que a criança gostava de aventuras e às vezes fazia "artes".

____

____

c) revelam situações de perigo vividas pela criança.

____

____

d) revelam problemas de saúde.

____

____

e) mostram que a criança gostava de bichos.

____

____

f) mostram que a criança às vezes sentia medo.

____

4 Responda oralmente: A infância dessa pessoa foi tranquila ou agitada? Por quê?

5 O verso "Fui uma história em quadrinho", do final, é uma espécie de resumo do poema. Troque ideias com os colegas: O que há de semelhante entre a infância dessa pessoa e uma história em quadrinhos?

A LINGUAGEM DO TEXTO

1 O poema cita várias ações que a criança fazia na infância, como **chutar** bola, **roubar** frutas, **rachar** a cabeça, etc. Em nossa língua, as palavras que expressam ações são chamadas de **verbos**.

a) Circule os verbos deste trecho do poema:

"Descobri um tesouro,
Sonhei com besouro,
Libertei passarinho,"

Jean Galvão/Arquivo da editora

b) Escreva três verbos que expressam ações que você costuma fazer.

____

2 Observe este outro trecho do poema:

"Ganhei um presente,
Tive dor de dente,
Caí do muro,
Chorei no escuro,"

a) Observe que, para isolar cada uma das ações, foi empregado um sinal de pontuação. Qual é ele? Responda oralmente.

b) Escreva três brincadeiras ou três ações que você costuma fazer. Para isolar cada ação ou brincadeira, empregue vírgula.

____

____

____

3 Alguns versos do poema lido rimam.

a) Indique quais palavras rimam com estas palavras:

- dedo: ____________
- tesouro: ____________
- cama: ____________
- passarinho: ____________
- muro: ____________

b) Escreva os nomes das imagens a seguir, que estão no poema, e faça a correspondência entre os nomes que rimam.

____

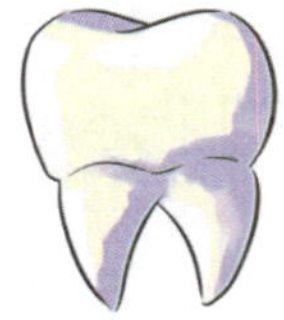

____

____

____

____

____

____

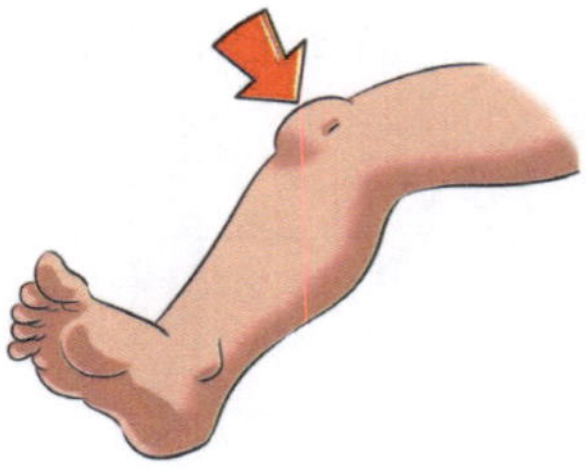

____

Ilustrações: Ilustra Cartoon /Arquivo da editora

TROCANDO IDEIAS

1. O que você costuma fazer no seu dia a dia, além de ir à escola?
2. A infância da criança do poema era bem agitada. Você acha sua infância parecida com a dela, cheia de brincadeiras, aventuras e diversão?
3. Quais atividades feitas pela criança do poema você também já fez ou costuma fazer?

DE OLHO NA ORALIDADE: PARTICIPANDO DE UM JOGRAL

Com a orientação do professor, reúna-se com quatro colegas para fazer, em grupo, a leitura do poema na forma de jogral.

Vejam, na página seguinte, o poema com os versos numerados. Um dos membros do grupo lê os versos com o número 1; outro lê os versos com o número 2; outro, os versos com o número 3; e assim por diante. O último verso deve ser lido por todos.

Declamem os versos, procurando falar com ritmo e naturalidade, como se uma única pessoa estivesse falando. Quando o jogral estiver bem ensaiado, apresentem à turma.

Jean Galvão/Arquivo da editora

Todos **Infância**

1 Chutei bola na chuva,
2 Roubei laranja, banana,
2 Goiaba e uva,
[...]
3 Rachei a cabeça,
4 Cortei o dedo,
5 Tremi de medo,
1 Escorreguei na lama,
2 Fiz xixi na cama,
3 Soltei pipa,
4 Esfolei o joelho,
5 Criei um coelho,
1 Andei no mato,
2 Perdi um sapato,
3 Pesquei na represa,
4 Ganhei um presente,
5 Tive dor de dente,
1 Caí do muro,
2 Chorei no escuro,
3 Faltei na escola,
4 Descobri um tesouro,
5 Sonhei com besouro,
5 Libertei passarinho,
Todos Fui uma história em quadrinho.

Biry Sarkis/Arquivo da editora

(Lalau e Laurabeatriz. *Bem-te-vi e outras poesias.* São Paulo: Companhia das Letrinhas, 1994. p. 28-29.)

REFLEXÃO SOBRE A LINGUAGEM

A LINGUAGEM FIGURADA

Releia a seguir alguns versos do poema "Infância", que você acabou de estudar:

Chutei bola na chuva,
Roubei laranja, banana,
Goiaba e uva,
[...]
Rachei a cabeça,
Cortei o dedo,
Tremi de medo,
[...]
Descobri um tesouro,
Sonhei com besouro,
Libertei passarinho,
Fui uma história em quadrinho.

1 Observe as imagens a seguir.

a) Escreva nas linhas os versos do poema correspondentes a cada uma das imagens.

Alamy/Fotoarena

____

____

____

Ivan Marjanovic/Shutterstock

MNStudio/Shutterstock

Oxana Mamlina/Shutterstock

b) Escolha outro verso e faça um desenho que corresponda à ação da criança descrita por ele.

2 Alguns versos do poema descrevem as ações realizadas pela criança de forma mais exata, mais direta, e outros descrevem as ações da criança de forma mais criativa e expressiva. Observe:

"Rachei a cabeça"
"Cortei o dedo"

a) Troque ideias com os colegas e o professor: O que o autor quer dizer quando escreve "Rachei a cabeça"?

b) E o que ele quer dizer quando escreve "Cortei o dedo"?

____

c) Conclua: Qual dos dois versos descreve de maneira mais exata o que aconteceu com a criança? Circule-o.

d) Marque com um X o modo como o outro verso descreve o que aconteceu com a criança.

- ◯ Descreve de forma suave.
- ◯ Descreve de forma exata.
- ◯ Descreve de forma exagerada.

3 Leia estas manchetes de jornal:

Homens armados invadem estabelecimento comercial e roubam dinheiro

(Disponível em: http://www.engeplus.com.br/noticia/geral/2020/homens-armados-invadem-estabelecimento-comercial-e-roubam-dinheiro. Acesso em: 9/1/2021.)

Quatis são flagrados roubando frutas de supermercado em SP

(Disponível em: https://istoe.com.br/video-quatis-sao-flagrados-roubando-frutas-de-supermercado-em-sp/. Acesso em: 9/1/2021.)

Patricia Chumillas/Shutterstock

Observe as quatro primeiras definições do verbo **roubar** em dois dicionários:

roubar
1. apropriar-se de (bem alheio), mediante violência, ameaça ou fraude
2. praticar roubo(s) [em]; agir como ladrão
3. cometer rapto contra; raptar
4. privar (alguém, algo) de (posses, valores); despojar, destituir

(*Houaiss eletrônico*.)

rou.bar **1.** Tomar (objeto, coisa móvel) da posse de alguém, mediante ameaça ou violência. **2.** Tirar bens, dinheiro ou valores da posse de (alguém). **3.** Apropriar-se de (algo), de modo enganoso. **4.** Raptar.

(*Mini Aurélio*. Curitiba: Positivo, 2009.)

a) Troque ideias com os colegas e o professor e responda oralmente: Em qual das manchetes o sentido do verbo **roubar** se aproxima mais das definições dadas pelos dicionários? Por quê?

b) Circule a manchete que utiliza o verbo **roubar** com um sentido diferente do dicionário e responda oralmente: Qual é essa diferença?

4 No poema também foi empregado o verbo **roubar**.

a) Copie os versos em que há esse emprego.

____

____

b) O sentido do verbo nesses versos se aproxima mais do sentido de qual das duas manchetes que você leu na questão anterior? Explique oralmente.

c) Apesar das diferenças, os usos do verbo **roubar** nessas três situações têm algo em comum. Qual é a semelhança de sentido em todos eles? Marque com um X:

( ) Em todos os casos, as pessoas (menino, homens armados) ou os animais (quatis) agiram com violência contra outras pessoas (vizinho e funcionários dos estabelecimentos) e foram procurados pela polícia para prestar esclarecimentos.

( ) Em todos os casos, as pessoas (menino, homens armados) ou os animais (quatis) tiraram de algum lugar (árvore, estabelecimento comercial e supermercado) algo (frutas, dinheiro) que não pertencia a eles.

5 Identifique qual dos versos a seguir também apresenta linguagem figurada. Marque com um X:

( ) "Fiz xixi na cama,"

( ) "Andei no mato,"

( ) "Fui uma história em quadrinho."

Como você viu, no poema estudado algumas palavras são empregadas com um sentido um pouco diferente daqueles que constam nos dicionários. Isso ocorre porque a intenção do poeta não era apenas explicar com exatidão o que viveu na infância, mas também criar, com palavras, imagens que destacassem a intensidade com que ele viveu.

Palavras empregadas com sentidos diferentes daqueles que elas normalmente têm, com a finalidade de criar imagens ou emocionar o leitor, formam a **linguagem figurada**.

É muito comum o emprego de linguagem figurada em poemas. Leia este poema de Millôr Fernandes:

O pato, menina,
é um animal
com buzina.

(*Hai-Kais*. Porto Alegre: L&PM, 2014. p. 77.)

Filipe Rocha/Arquivo da editora

6 O poema apresenta uma definição de **pato**.

a) Qual é essa definição?

____

b) Com o que o pato é comparado?

____

c) Troque ideias com os colegas e o professor e responda oralmente: Qual é o motivo dessa comparação?

d) Conclua: Essa definição de pato utiliza linguagem figurada?

7 Leia estes textos, que abordam o mesmo assunto, o pato:

O Pato pateta
Pintou o caneco
Surrou a galinha
Bateu no marreco
[...]

(Disponível em: http://www.viniciusdemoraes.com.br/es/node/989. Acesso em: 10/1/2021.)

O pato é uma **ave** aquática da família do **ganso** e do **cisne**. Patos são encontrados em quase todo o planeta. Alguns são aves **migratórias**, isto é, voam longas distâncias para passar diferentes **estações do ano** em diferentes regiões. [...]

(Disponível em: https://escola.britannica.com.br/artigo/pato/481179. Acesso em: 10/1/2021.)

a) Você sabe o que é **pintar o caneco**? Já ouviu alguém usar essa expressão?

b) Você sabe por que o pato é considerado da mesma **família** do ganso e do cisne? Converse com os colegas e o professor e marque com um X a resposta certa.

( ) Porque há muito tempo na história dos animais os avós deles se casaram. Desde então, eles se tornaram parentes e moram todos juntos no mesmo lago.

( ) Porque na Biologia, ciência que estuda os seres vivos, a palavra **família** é usada para agrupar alguns animais que têm características semelhantes.

c) Faça um círculo em volta do texto que emprega linguagem figurada e um X no que apresenta uma definição científica.

8 Agora leia este outro poema, de Millôr Fernandes:

Pretende um som belo
o homem que coça
a barriga do violoncelo?

(*Hai-Kais*. Porto Alegre: L&PM, 2014. p. 107.)

Filipe Rocha/Arquivo da editora

a) Quais palavras foram empregadas com sentido figurado? Pinte-as.

b) Observe a imagem do violoncelo. Ele tem alguma semelhança com uma barriga?

c) Qual é o sentido dessas palavras no poema?

9 Todas as línguas têm **expressões idiomáticas**, isto é, expressões formadas por duas ou mais palavras que, juntas, adquirem um significado diferente daqueles que elas têm quando separadas. A expressão **pintar o caneco** é uma delas. Quando alguém diz, por exemplo, "Me deixaram sozinha. Fiquei entregue às baratas", o que pessoa quer dizer?

____

10 Com um colega, imaginem situações em que possa ocorrer o emprego de cada uma destas expressões idiomáticas:

a) cair a ficha (entender o significado de alguma coisa tardiamente)

b) fechar o tempo (aprontar confusão, fazer cara feia, ficar de mau humor)

c) um deus nos acuda (uma grande confusão)

d) descascar o abacaxi (fazer algo muito difícil)

e) dar um tempo (esperar)

(Alguns exercícios deste capítulo tiveram como referência a obra *Introdução à semântica*, de Rodolfo Ilari, editora Contexto, 2001.)

DE OLHO NA LEITURA E NA ESCRITA: EMPREGO DE R/RR E S/SS

1 Você já estudou, nos anos anteriores, o emprego das letras **r/rr** e **s/ss**. Vamos ver o que você lembra sobre os sons dessas letras? Escute a leitura que o professor vai fazer de alguns versos do poema estudado no início deste capítulo e complete as lacunas a seguir com **r** ou **rr**, **s** ou **ss**.

Esco_____eguei na lama,
Fiz xixi na cama,
_____oltei pipa,
[...]
Pesquei na _____epre_____a,
[...]
_____onhei com be_____ou_____o,
Libertei pa_____a_____inho, [...]

2 Compare suas respostas com a versão original, na página 40, e anote no quadro a seguir as palavras que você acertou e as que você errou.

Palavras que acertei	Palavras que errei

3 Vamos colocar nas caixas as palavras que você completou, de acordo com os sons das letras **r/rr** e **s/ss** em cada uma delas?

Dica: Fique atento à quantidade de linhas das caixas: em cada linha deve ser escrita apenas uma palavra.

Ilustrações: Ilustra Cartoon/Arquivo da editora

4 Agora que você já escreveu as palavras nas caixas corretas, observe o som e a escrita de cada uma e conclua, completando:

- No início de palavras, a letra ____ tem sempre som de "cê".
- Entre __________, a letra **s** tem sempre som de "zê".
- Entre vogais, para fazer o som de "cê" usando a letra **s**, é preciso empregar ____.
- No início de palavras, a letra ____ é pronunciada forte na garganta.
- Entre __________, a pronúncia da letra ____ faz a ponta da língua vibrar no céu da boca.
- Entre vogais, para que a pronúncia seja forte na garganta usando a letra **r**, é preciso empregar ____.

5 Releia estas palavras:

Pesquei
Libertei

a) Como você pronuncia o **r** e o **s** de cada uma delas?

b) Qual é a posição do **r** e do **s** nessas palavras? Marque:

( ) no início da palavra

( ) entre vogais

( ) em final de sílaba

Leia a tira a seguir.

© Armandinho, de Alexandre Beck/Acervo do cartunista

© Armandinho, de Alexandre Beck/Acervo do cartunista

6 Armandinho conversa com uma mulher. Na tira, complete as palavras escrevendo nos quadradinhos **R**, **RR**, **S** ou **SS** e descubra:

a) Para Armandinho, qual é o melhor amigo do ser humano?

____

b) E para a mulher, quem é o melhor amigo do ser humano?

____

7 Armandinho e a mulher têm opiniões diferentes. Troque ideias com os colegas e o professor e responda oralmente:

a) Para a mulher, o que é ser amigo?

b) Para Armandinho, o que é ser amigo?

BRINCANDO COM PALAVRAS

1 Você já brincou de **torto**? Para jogar, basta fazer combinações entre as letras do diagrama para formar palavras, desde que elas estejam em sequência. Pode andar para a direita, para a esquerda, na diagonal, para cima e para baixo, mas não vale cruzar, pular nem repetir a mesma letra. Veja a seguir, por exemplo, como formar a palavra **carro**.

C	R	R	O	T
A	L	S	E	P
R	O	S	I	M
O	A	I	D	R

Forme outras palavras nesse mesmo diagrama. Mas, atenção: todas elas devem ter pelo menos uma letra **S** ou **R**.

2 Desafio: complete as palavras da lista a seguir com **r/rr** ou **s/ss** e descubra o nome de algumas brincadeiras infantis.

- Co____e cutia
- Ma____inha ca____eira
- Gue____a de trave____eiro
- Pi____ta de ca____inho
- Pintu____a de ____osto
- Ama____elinha
- Pa____a anel

Jean Galvão/Arquivo da editora

Você conhece as brincadeiras dessa lista? Já brincou de todas elas? Conte aos colegas.

3 Os desenhos a seguir traduzem ao pé da letra algumas expressões idiomáticas da nossa língua. Relacione cada desenho à expressão correspondente e responda oralmente: O que significa cada uma delas?

Ilustrações: Felipe Camêlo/Arquivo da editora

ter minhoca na cabeça

pisar em ovos

engolir sapo

ser um peixe fora d´água

PRODUÇÃO DE TEXTO

O DIÁRIO

Dizem que a infância é a fase mais gostosa da vida. Nela, muitas coisas acontecem: fazemos novos amigos, brincamos, jogamos, vamos a festas e aprendemos bastante.

Com o tempo, podemos nos esquecer de algumas coisas, de fatos e até de pessoas. Isso é natural.

Alguns de nós, quando crianças e jovens — e até mesmo quando adultos —, temos o hábito de escrever um **diário**, que é um registro do que nos acontece de mais importante no dia a dia: o que fizemos, o que aprendemos, com quem falamos, aonde fomos, o que desejamos para nós e nossos familiares, nossos segredos, etc. Assim, no futuro, quando quisermos lembrar as coisas do passado, basta abrir o diário. Mas o diário não é só isso: é também diversão. Depois que começamos a escrever, vemos que o diário se torna nosso grande companheiro.

Você conhece Julieta, personagem criada por Ziraldo? Ela tem o hábito de escrever um diário. O livro *Diário da Julieta* mostra, em quadrinhos, o que a menina viveu durante o dia e, no final da história, mostra sua página de diário escrita.

DIÁRIOS DE FATOS REAIS E FICCIONAIS

Os diários geralmente narram fatos biográficos verídicos. Alguns diários chegaram a ficar muito famosos porque registraram como era a vida das pessoas durante períodos de guerra. É o caso de *O diário de Anne Frank*, que narrou a vida dos judeus holandeses perseguidos pelos nazistas durante a Segunda Guerra Mundial, e de *O diário de Zlata*, que narrou o dia a dia das pessoas que viviam em Sarajevo durante a guerra na Bósnia. Nos dois casos, os autores são crianças.

Há também os diários ficcionais, que contam fatos imaginados, como o *Diário de um banana*, de Jeff Kinney, e o *Diário da Julieta*, de Ziraldo.

Reprodução/Editora Record

Vamos conhecer uma dessas histórias? Ela começa assim:

Julieta fica triste porque o pai dela nunca cumpre a promessa. Resolve, então, fingir que está doente para que ele não vá trabalhar e fique com ela em casa, mas o pai, preocupado, leva a filha ao médico. Lá, vendo que não vai ter mais como fingir, Julieta resolve contar tudo ao médico e leva uma grande bronca do pai. O médico começa a achar que o pai de Julieta é que não está bem. Faz um exame e conclui que o pai está estressado. Veja como termina essa história:

(Ziraldo. *Diário da Julieta 2*. São Paulo: Globo, 2010.)

1 Na primeira página da história, Julieta está deitada na cama escrevendo no diário dela. Observe que, no 1º quadrinho, há dois retângulos com legendas.

a) O que Julieta conta nessas legendas?

___

___

b) Por que o texto está entre aspas (")?

____

____

2 O nome da história em quadrinhos é "Julieta em Meu nome é trabalho". Por que a história tem esse nome?

____

____

3 As coisas não foram exatamente como Julieta tinha imaginado, mas, mesmo assim, o plano da menina deu certo. Por quê?

____

____

____

4 A receita dada pelo médico ao pai de Julieta é bem diferente de outras receitas. Por quê?

____

____

5 Em certo trecho da história, Julieta diz:

> "Sabe, diário, aquele médico nem era de adulto e resolveu o problema do meu pai! Ah, e o meu também! Ele deu uma receita tão boa que eu vou até colar em você."

a) A quem se refere a palavra **você**?

____

b) Por esse trecho, é possível saber se a menina gosta do diário dela?

____

____

____

Veja agora a página do diário que Julieta escreveu nesse dia:

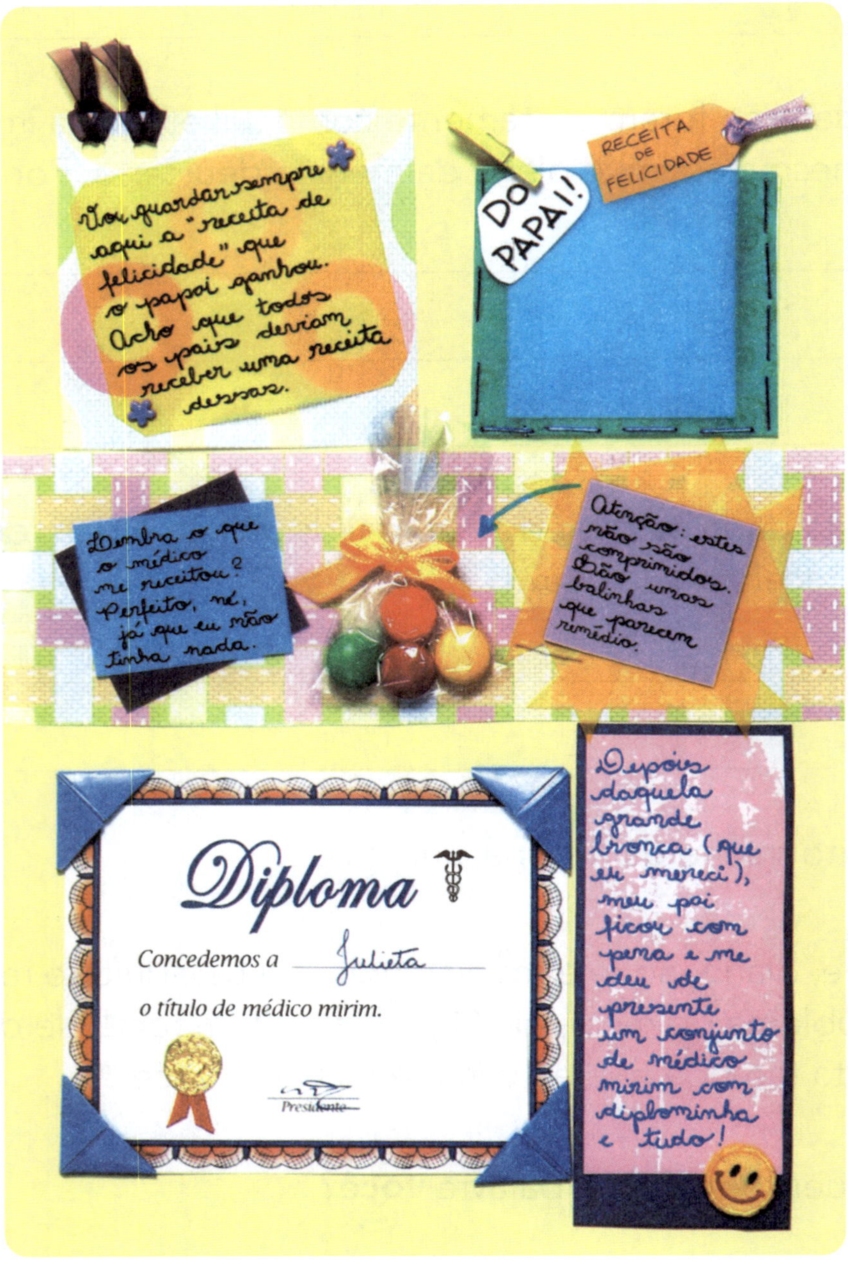

(Ziraldo. *Diário da Julieta 2*. São Paulo: Globo, 2010. p. 83.)

6 Por que Julieta chama a receita dada pelo médico de "receita de felicidade"?

____

____

7 O pai de Julieta deu uma "grande bronca" na filha, mas se arrependeu.

a) Por que ela recebeu uma bronca?

____

____

b) E por que ele deu a ela um conjunto de médico mirim?

____

____

____

8 Observe o formato da página de diário de Julieta: as colagens, as figuras, as flechas, as balinhas, as cores, etc.

a) Você já viu um diário antes? Ele era como essa página do diário de Julieta? Explique.

____

____

____

____

____

____

b) O que você acha dessa forma de escrever um diário?

____

____

____

9 As páginas de diário reais geralmente começam com a indicação do local e da data. Por que você acha que essa página do diário de Julieta não apresenta esses dados?

____

____

____

____

____

____

marekuliasz/Shutterstock

10 Observe estes trechos do que Julieta escreveu no diário:

- "Ai, eu gosto tanto do meu pai! Mas confesso que **estava ficando** muito chateada!"
- "O filme nem **era** tão bom, mas eu **adorei**."
- "Vou guardar sempre a 'receita de felicidade' que o papai **ganhou**."

a) Que palavras desses trechos mostram que Julieta está falando dela mesma?

____

____

____

b) As palavras destacadas em cada trecho mostram que os fatos aconteceram no passado ou estão acontecendo agora, no presente?

____

AGORA É A SUA VEZ

Ao final desta unidade, você e os colegas vão montar um portfólio com coisas que fazem parte da infância de vocês. Escrever um diário é uma ótima forma de deixar registrada uma época da nossa vida.

Combine com o professor uma semana ao longo do desenvolvimento do projeto em que você vai escrever sobre como está sendo participar desse trabalho. Em seu diário, você pode escrever não apenas sobre as atividades realizadas nas aulas, mas também contar um pouco do seu dia a dia fora da escola. Vamos lá?

Recorte as páginas 361 a 366 no local indicado, dobre e monte o seu diário da semana. Capriche ao escrever para ter uma bonita recordação.

PLANEJAMENTO DO TEXTO

- Comece seu texto indicando a cidade em que você vive e a data.
- Conte como foi seu dia.
- Relate o fato ou os fatos mais importantes do dia, aqueles que você acha que merecem ser lembrados daqui a algum tempo.
- Use palavras como **eu**, **mim**, **me** e **meu** para se referir a si mesmo(a).
- Conte os fatos no passado.
- Considere que quem vai ler seu texto é você mesmo(a), outras crianças como você e seus familiares.
- Se quiser, pinte ou ilustre o texto ou faça colagens.
- Use uma linguagem clara e correta, para que todos possam ler e compreender seu texto.

REVISÃO E REESCRITA

Seguindo as orientações do professor, reúna-se em grupo para fazer uma revisão coletiva dos textos, de modo que um colega leia o texto de outro.

- O texto está legível e sem erros ortográficos?
- O texto dá uma ideia clara de como foi o dia do autor e dos fatos mais importantes que aconteceram?
- O texto narra algum episódio interessante desse dia?
- Aparecem no texto palavras que se referem ao próprio autor, como **eu**, **mim**, **me**, **meu**, etc.?
- Se o texto apresenta colagens, elas contribuem para compreender o texto escrito?
- Aponte para o colega o que precisa ser melhorado ou corrigido no texto dele.

Faça as alterações necessárias nos textos do seu diário, guarde-o no portfólio e, daqui a algum tempo, releia-o para lembrar como foi essa semana da sua vida.

DIVIRTA-SE

Você já recriou uma foto tirada há muito tempo com as mesmas pessoas tentando repetir a pose, as roupas e o cenário? Muitos adultos fazem isso e algumas dessas fotos se tornam sucesso na internet. Que tal pegar uma foto de quando você era menor e fazer o mesmo? E, depois, quando você for adulto, pode fazer novamente! Veja dois exemplos:

Carol Vianna/Acervo pessoal

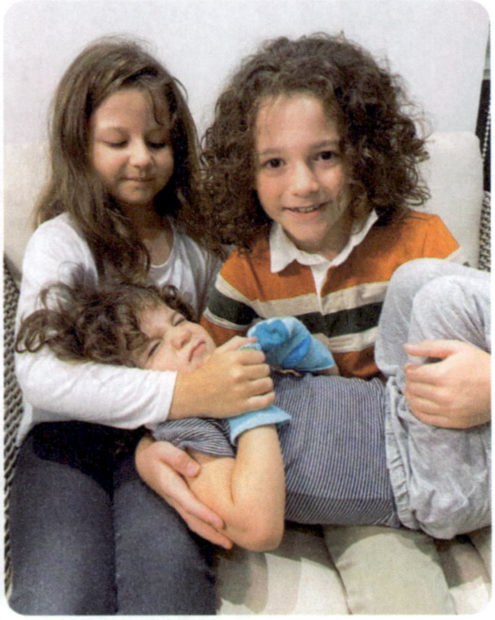

Carol Vianna/Acervo pessoal

Rodrigo Fernandes/Photo Fala

Rodrigo Fernandes/Photo Fala

CAPÍTULO 3

SOU GRANDE OU PEQUENA?

LEITURA

Leia o texto:

Uma menina do seu tamanho

Era uma vez uma menina. Não era uma menina deste tamanhinho. Mas também não era uma menina deste tamanhão. Era uma menina assim mais ou menos do seu tamanho. E muitas vezes ela tinha vontade de saber que tamanho era esse, afinal de contas. Porque tinha dias que a mãe dela dizia assim:

— Helena, você já está muito grande para fazer uma coisa dessas. Onde já se viu uma menina do seu tamanho chegar em casa assim tão suja de ficar brincando na lama? Venha logo se lavar.

Então ela achava que já era bem grande.

Mas às vezes, também, o pai dela dizia assim:

— Helena, você ainda é muito pequenininha para fazer uma coisa dessas. Onde já se viu uma menina do seu tamanho ficar brincando num galho de árvore tão alto assim? Desça já daí. Se não, você pode cair.

Aí Helena achava que ela era mesmo uma bebezinha que não podia fazer nada sozinha.

Jean Galvão/Arquivo da editora

E era sempre assim. Na hora de ir ajudar no trabalho da roça, ela já era bem grande. Na hora de ir tomar banho no rio e nadar no lugar mais fundo, ela ainda era muito pequena. Na hora em que os grandes ficavam de noite conversando no terreiro até tarde, ela era pequena e tinha que ir dormir. Na hora em que espetava o pé com um espinho e queria ficar chorando no colo de alguém, só com dengo e carinho, sempre diziam que ela já estava muito grande para ficar fazendo manha. Se ela tivesse um espelho mágico, que nem a rainha madrasta da Branca de Neve, bem que podia perguntar:

— Espelho meu, espelho meu, que tamanho tenho eu?

Jean Galvão/Arquivo da editora

Mas ela não tinha espelho mágico nenhum. Até mesmo espelho sem ser mágico, não era fácil. Na casa dela só tinha um, pequeno e muito no alto, em cima da pia. Só dava para se ver um pouquinho de cada vez. E mesmo assim, só quando alguém punha no colo. Via o rosto, o pescoço, as mãos. Mas joelho, pé, canela, isso ela só via mesmo olhando para baixo, fora do espelho. E as costas, não via nunca. Às vezes ela até achava que talvez fosse isso. Vai ver, era assim: ela era pequena na frente e grande atrás. Ou grande na frente e pequena atrás. Ou de cada lado de um tamanho: por isso cada um via de um jeito, depende do pedaço dela que estivesse olhando. Mas ela se apalpava, se pegava, se olhava como podia e achava que não era nada disso. Grande ou pequena, era de um tamanho só, lá isso era. Só que não sabia direito qual era. [...]

[...]

(Ana Maria Machado. *Bem do seu tamanho*. 4. ed. Rio de Janeiro: Brasil-América, 1983. p. 5-7.)

OS SENTIDOS DO TEXTO

1 Quem conta a história, isto é, o **narrador**, diz que Helena não era "uma menina deste tamanhinho. Mas também não era uma menina deste tamanhão".

a) O que quer dizer **uma menina deste tamanhinho**?

____

b) E uma menina **deste tamanhão**?

____

2 Releia este trecho do texto:

> "Era uma menina assim mais ou menos **do seu tamanho**."

a) O narrador está se referindo ao tamanho de quem?

____

____

____

____

b) Portanto, que idade você acha que Helena tem?

____

____

____

____

QUEM É ANA MARIA MACHADO?

A escritora Ana Maria Machado nasceu no Rio de Janeiro, em 1941. Queria ser pintora e chegou a estudar Belas-Artes, mas se interessou também pela literatura e estudou Letras na Universidade Federal do Rio de Janeiro.

Trabalhou como jornalista e, como escritora, publicou dezenas de livros infantis. No Brasil, ganhou o prêmio Jabuti em 1978 e, no exterior, ganhou o prêmio Hans Christian Andersen, o mais importante prêmio de literatura infantil, no ano 2000. Entre suas obras mais conhecidas estão *História meio ao contrário* e *Bisa Bia, Bisa Bel*.

3 Na opinião dos pais, Helena ainda é pequena para quê? Marque com um X as respostas certas.

( ) Brincar em um galho de árvore muito alto.

( ) Ficar conversando até tarde.

( ) Chegar em casa suja de barro.

( ) Ficar chorando porque machucou o pé.

( ) Nadar na parte funda do rio.

4 Como Helena se sentia com os comentários dos pais?

____

____

5 No texto, é citado o conto maravilhoso "Branca de Neve", no qual a rainha madrasta de Branca de Neve faz uma pergunta a um espelho. Troque ideias com os colegas e responda:

a) O que a rainha pergunta ao espelho?

____

____

b) O que o espelho responde? O que acontece depois?

____

____

____

6 Helena vivia no meio rural ou no meio urbano? Como você chegou a essa conclusão?

Jean Galvão/Arquivo da editora

7 Helena era de uma família rica ou de uma família humilde? Como você chegou a essa conclusão?

8 Por que os pais de Helena não deixavam a menina fazer o que ela queria? Eles eram maus ou eram cuidadosos com a filha?

A LINGUAGEM DO TEXTO

1 O texto se inicia com uma expressão que é muito comum nos contos maravilhosos.

a) Qual é essa expressão?

b) A expressão dá uma ideia exata de quando aconteceu a história?

2 Releia este trecho do texto:

> "Porque tinha dias que a mãe dela dizia assim:
> — Helena, você já está muito grande para fazer uma coisa dessas. [...]
> [...]
> Mas às vezes, também, o pai dela dizia assim:
> — Helena, você ainda é muito pequenininha para fazer uma coisa dessas. [...]"

a) Pinte com uma cor as falas do narrador (a pessoa que conta a história) e com outra cor as falas dos personagens.

b) Que sinais de pontuação o narrador utiliza para introduzir a fala dos personagens?

____

____

c) Empregue esses sinais para separar a fala do narrador e a fala da personagem:

> Irritada, a menina disse
> Afinal, eu quero saber se sou grande ou pequena.

3 No trecho "e queria ficar chorando no colo de alguém, só com dengo e carinho", a palavra **dengo** tem qual sentido? Marque com um X.

( ) alegria

( ) choro

( ) manha

4 Leia, em voz alta, estas palavras empregadas no texto:

tamanho	galho
espelho	vontade
grande	noite

a) Qual é o som da vogal **o** no final das palavras **tamanho**, **galho** e **espelho**?

____

b) Qual é o som da vogal **e** no final das palavras **vontade**, **grande** e **noite**?

____

5 Assinale as palavras em que a letra **o** final é geralmente pronunciada como **u**:

( ) vovó
( ) dominó
( ) amigo
( ) carrinho
( ) vizinho

6 Assinale as palavras em que a letra **e** final é geralmente pronunciada como **i**:

( ) elefante
( ) você
( ) café
( ) sorvete
( ) leite

TROCANDO IDEIAS

Sente-se em círculo com os colegas e o professor e conversem sobre as seguintes questões.

1. Você também se sente como Helena, ou seja, é considerado(a) ainda pequeno(a) para fazer certas coisas e grande para fazer outras coisas?

2. Você acha que os pais devem deixar as crianças fazerem tudo o que elas querem? Ou devem impor limites, como os pais de Helena faziam? Por quê?

Giz de Cera/Arquivo da editora

REFLEXÃO SOBRE A LINGUAGEM

O ADJETIVO

Releia este trecho do texto:

"Onde já se viu uma
menina do seu tamanho
ficar brincando num
galho de árvore tão
alto assim?"

Jean Galvão/Arquivo da editora

1. A palavra **galho** é o nome de uma parte de uma planta. Como nós chamamos as palavras que servem para nomear todos os seres e coisas?

____

2. O galho de árvore descrito no texto apresenta uma característica. Qual é ela?

____

3. A menina também é caracterizada na história, ora como pequena, ora como grande. Leia estas frases:

- Helena é uma menina grande.
- Helena é uma menina pequena.

a) Nas frases, há o uso de um mesmo substantivo próprio, que serve para nomear um ser específico. Qual é ele?

____

b) Nas frases, há o uso de um mesmo substantivo comum, que serve para nomear seres de forma geral. Qual é ele?

____

c) Quais palavras são usadas para informar características da menina Helena?

____

4. A palavra **pequena** está no feminino.

a) Que palavra ela acompanha?

____

b) Essa palavra é feminina ou masculina?

____

c) Reescreva a segunda frase da questão 3, trocando **Helena** por **Gustavo**. Faça as alterações necessárias.

____

As palavras **pequena**, **pequeno** e **grande** são adjetivos, palavras que servem para descrever as características, as qualidades de um substantivo.

Adjetivos são palavras que acompanham os substantivos indicando características dos seres.

5 Como é ser criança? Escolha adjetivos que possam caracterizar sua infância.

____

____

____

____

Leia este poema, de Cyro de Mattos:

Dom Ratinho

Os olhinhos
espertinhos,
de focinho
alegrinho,
bigodinho
nervosinho,
de passinho
ligeirinho:
Dom Ratinho.

Biry Sarkis/Arquivo da editora

(*O menino camelô*. São Paulo: Atual, 1991. p. 7.)

6 Escreva o adjetivo que caracteriza:

- os olhinhos

____

- o focinho

____

- o bigodinho

____

- o passinho

____

7 Faça uma experiência: leia o poema sem os adjetivos.

a) O sentido do poema se mantém?

____

b) Conclua: Qual é o papel dos adjetivos no poema?

____

PARA QUE SERVE O ADJETIVO?

Os adjetivos servem para caracterizar os seres que existem à nossa volta e diferenciar uma coisa de outra. Se essas palavras não existissem, já imaginou, por exemplo, como você faria para, em uma loja com blusas de várias cores, pedir uma blusa **verde**? Como faria para dizer que era essa a cor escolhida, e não a **vermelha** ou a **amarela**?

Os adjetivos são empregados em quase todos os tipos de texto, mas ganham destaque naqueles em que é necessário caracterizar personagens, lugares e objetos, como o conto maravilhoso, a fábula, o verbete de enciclopédia, o anúncio publicitário, entre outros.

Leia este texto:

GATINHA BRANCA PARA DOAÇÃO

Branquinha, pequena, bem peluda, olhos azuis, gosta de estar perto e de carinho. Bastante calma e dócil. Come ração e comida de panela.
Interessados, entrar em contato por telefone.

8 O texto que você leu é parte de um anúncio de doação de um animal.

a) Que animal está sendo doado?

____

b) Quais são as características do bichinho? Circule os adjetivos empregados no texto para descrevê-lo.

c) Qual adjetivo é usado no texto para caracterizar os olhos do bichinho?

____

d) Agora, com base na descrição, faça um desenho desse animal:

9 Releia esta frase do anúncio:

"Come ração e comida de panela."

a) Troque ideias com os colegas e o professor e responda: O que é "comida de panela"?

____

b) Qual dos adjetivos a seguir poderia ser usado no lugar da expressão **de panela** para caracterizar essa comida, com um sentido semelhante ao do texto? Marque com um X:

( ) industrializada ( ) caseira ( ) quente

10 Converse com a turma: Você gostaria de adotar esse animalzinho? Por quê?

11 No poema a seguir, faltam adjetivos. Complete os versos com adjetivos do quadro.

Dica: Preste atenção no sentido e na forma das palavras que esses adjetivos acompanham. Dois desses adjetivos serão usados mais de uma vez.

careca	linda	simpático	risonho	pequena

Cuspe à distância

Quando eu era __________, __________, __________,
menor ainda,
todo mundo dizia

que eu era uma graça, que eu era __________.

Um bebê tão __________, __________, __________,

uma __________ criança.
Só que na hora do almoço,
eu gostava de brincar de cuspe à distância.
E mamãe reclamava: — Que nojo!
E o papai só falava: — Que nojo!
E nem adiantava fazer de batata,
cenoura, abobrinha.
Porque eu gostava de brincar
de cuspe à distância
na hora da papinha.

(Fernanda Sander. *Ideia passarinha: poesia (in)completa para crianças*. São José dos Campos, SP: Fernanda Sander Canabrava Bincoleto, 2019. p. 21.)

12 Muitos adjetivos nascem de substantivos. Para isso, basta acrescentar uma partícula no final da palavra. Forme adjetivos acrescentando ao substantivo estas partículas:

-eno	-onho	-ento	-udo
-il	-al(ar)	-esco	-oso

a) Chile: ______________

b) carne: ______________

c) ciúme: ______________

d) febre: ______________

e) escola: ______________

f) pelo: ______________

g) poeira: ______________

h) medo: ______________

i) gigante: ______________

j) gênio: ______________

k) barulho: ______________

DE OLHO NA LEITURA E NA ESCRITA: EMPREGO DE ÊS/ESA

Leia esta tira, de Fernando Gonsales:

(Níquel Náusea. *Os ratos também choram*. São Paulo: Bookmakers, 1999. p. 15.)

1 O porco está se tratando com acupuntura, isto é, recebe aplicação de agulhas no corpo para se curar. Troque ideias com os colegas: Com que bicho o porco está conversando no último quadrinho?

____

2 Qual é a característica física desse bicho?

___

___

3 Esse bicho deveria ficar impressionado com a técnica chinesa de tratar pessoas por meio da aplicação de agulhas? Por quê? Responda oralmente.

4 No primeiro quadrinho, o porco afirma que está indo em um médico chinês.

a) Em que país o médico nasceu?

___

b) Reescreva a fala do porco, trocando **médico** por **médica**.

___

5 E se o médico tivesse nascido em outro país? Complete:

- no Japão: médico ___
- na França: médico ___
- na Inglaterra: médico ___
- em Portugal: médico ___
- no Líbano: médico ___

6 Reescreva suas respostas ao exercício 5, trocando **médico** por **médica**:

- ___
- ___
- ___
- ___
- ___

7 Observe suas respostas aos exercícios anteriores. As palavras que se referem à nacionalidade apresentam qual letra no final: **s** ou **z**?

( ) a letra **s** ( ) a letra **z**

8 Associe as seguintes palavras masculinas escritas com **s** no final da última sílaba aos significados delas:

camponês	título de nobreza
marquês	aquele que vive e/ou trabalha no campo
tailandês	consumidor, cliente habitual
freguês	nascido na Tailândia ou originário desse país

Agora, forme palavras femininas correspondentes às palavras da lista.

- ________________ • ________________
- ________________ • ________________

9 Com a orientação do professor, converse com os colegas e tirem uma conclusão a respeito do que aprenderam sobre a grafia das palavras terminadas em **-ês** ou **-esa**.

10 Em cada grupo de palavras abaixo, existe uma palavra intrusa. Descubra qual é ela e pinte-a.

a) norueguesa — feiosa — holandesa — escocesa

b) cremosa — bondosa — francesa — formosa

c) maldosa — princesa — marquesa — duquesa

BRINCANDO COM PALAVRAS

1 **Jogo da memória com bandeiras**. Leia as instruções do jogo:

- Recorte as cartas com bandeiras da página 367.
- Embaralhe as cartas com as bandeiras viradas para baixo.
- Coloque as cartas sobre uma mesa, ainda com as bandeiras viradas para baixo.
- Cada participante vira duas cartas por rodada, tentando encontrar o par com duas bandeiras iguais, do mesmo país.
- Quem acerta, retira as duas cartas da mesa e guarda consigo.
- Ganha quem tiver mais cartas ao final.

T. Lesia/Shutterstock; Gil C/Shutterstock; Lukasz Stefanski/Shutterstock; Gil C/Shutterstock

Agora, escreva o nome dos países correspondentes às bandeiras representadas nas cartas do jogo e tente descobrir os adjetivos pátrios masculino e feminino de cada um. Siga o exemplo:

Brasil – **brasileiro,** **brasileira**

_______________ – _______________, _______________

_______________ – _______________, _______________

_______________ – _______________, _______________

_______________ – _______________, _______________

_______________ – _______________, _______________

_______________ – _______________, _______________

_______________ – _______________, _______________

2 **Desafio da máquina de palavras**. Vamos formar adjetivos a partir de substantivos. Escreva as palavras formadas pela máquina.

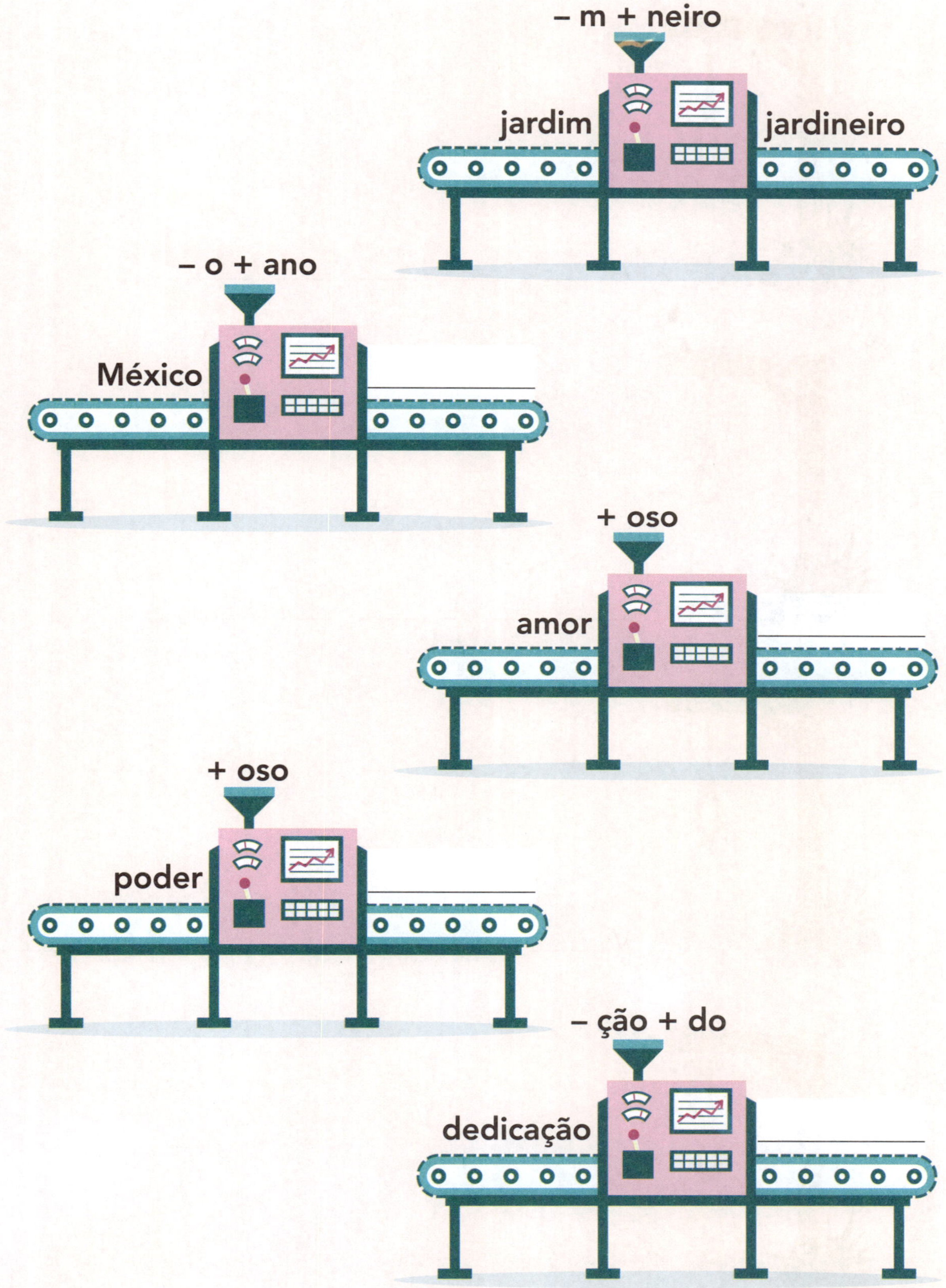

Red Deer/Shutterstock

3 Brinque de forca com adjetivos. Descubra se as palavras são escritas com **E** ou **I**, **O** ou **U** no final:

Eduard Radu/Shutterstock

A ___ ___ ___ ___ ___

___ ___ L ___ ___ ___

V ___ ___ ___ ___ ___ ___ ___

___ ___ T ___ ___ ___ ___ ___ ___ ___ ___

DE OLHO NA ORALIDADE: DEBATE: COZINHA É LUGAR DE CRIANÇA?

Muitos adultos acham que a cozinha não é lugar de criança ou que elas são pequenas demais para cozinhar. Mas muitas crianças adoram se aventurar na cozinha! O que você acha? Cozinha é lugar de criança?

Filipe Rocha/Arquivo da editora

Forme um círculo com os colegas e debata o assunto. Use sua experiência pessoal para argumentar com os colegas. Levante questões como:

- Por que alguns adultos acham que cozinha não é lugar de criança?
- Há perigos nesse lugar da casa?
- Vocês participam do preparo de refeições?
- Vocês gostam de cozinhar?
- Vocês procuram receitas para preparar?
- Há algum momento da preparação de receitas em que os adultos sempre ajudam?

PRODUÇÃO DE TEXTO

A RECEITA ORAL

Para cozinhar ou fazer uma comida diferente, é muito comum procurarmos receitas. Elas podem ser escritas, publicadas em revistas ou em livros por *chefs* famosos ou podem ser anotadas em cadernos que são passados de geração em geração nas famílias. Há também programas de televisão que ensinam a preparar os mais diversos pratos. Na internet, também encontramos muitas receitas escritas com fotos ou em vídeo.

Ao final desta unidade, você vai organizar um portfólio sobre sua infância. Receitas gostosas marcam nossos dias! Que tal selecionar uma receita e depois gravar um vídeo ensinando as pessoas a preparar esse prato?

Confira uma receita ensinada por uma criança como você:

Reprodução/Youtube

(Clara) — Oi, gente, eu sou a Clara e a gente vai fazer uma receita hoje muito simples que só vão três ingredientes, três! E hoje tem uma pessoa muito especial que vocês aí pediram muito para ele aparecer de novo. Pode vir!
(Bichinho de pelúcia) — Oi! Oi, Clara! Que saudade!
(Clara) — Que saudade! Quanto tempo!
(Bichinho de pelúcia) — Oi, pessoal! O que a gente vai fazer hoje, Clara?
(Clara) — Palitinhos de queijo, né?
(Bichinho de pelúcia) — Hummm, e quais são os ingredientes?
(Clara) — É... 100 gramas de queijo parmesão ralado, uma xícara de farinha de trigo e 100 gramas de margarina [mostra os ingredientes para a câmera]. Pra começar, é só misturar esses três ingredientes e depois é... misturar. Gente, coloca devagar a margarina, vocês viram que eu coloquei a margarina assim... voou um pouco de farinha [risos].
(Bichinho de pelúcia) — Fez malabares!
(Clara) — Agora vamos pôr a mão na massa, que é o mais legal.
(Bichinho de pelúcia) — Essa é a parte que eu mais gosto!
(Clara) — Gente, e vocês têm que ficar mexendo assim com a mão até a massa ficar homogênea, tá bom?

(Bichinho de pelúcia) — Homogênea?
(Clara) — É. Gente, a massa tem que ficar assim, ó [*mostra a massa para a câmera*]. Bem juntinha, tá bom? Agora eu vou fazer os palitinhos. Da forma que você quiser, mas eu vou fazer que nem palitinho mesmo assim, sabe? Fica muito mais bonitinho. E vai colocar nessa fôrma sem ser untada. Não precisa ser untada, tá bom?
(Bichinho de pelúcia) — Fácil, hein?
(Clara) — É bem fácil! Tem que ser mais ou menos do tamanho de um dedo assim. Essa receita rende duas fôrmas, olha, essa e essa [*mostra as fôrmas com as massas em formato de palitinhos*]. Agora tem que colocar no forno.
(Bichinho de pelúcia) — Por quanto tempo, Clara?
(Clara) — Por meia hora.
(Bichinho de pelúcia) — E a duzentos graus.
(Clara) — É isso mesmo!
(Bichinho de pelúcia) — E o forno já tá preaquecido.
(Clara) — Isso! Aqui, peça ajuda para um adulto.
(Clara) — Ficou pronto! Finalmente, né? É, vamos experimentar?
(Bichinho de pelúcia) — Hummmm!
(Clara) — Experimenta.
(Bichinho de pelúcia) — Hummmm! Muito bom, né? Tá muito bom!
(Clara) — Hummmm! Tá muito bom! Ficou uma delícia! Faça aí na sua casa e dê vários *likes* aqui. E até o próximo vídeo! Tchau!
(Bichinho de pelúcia) — Tchau!

(Disponível em: https://www.youtube.com/watch?v=oPoERVQicml. Acesso em: 8/1/2020.)

1 Como Clara inicia o vídeo?

◯ Ela cumprimenta o público e logo começa a receita.

◯ Ela cumprimenta o público, se apresenta e anuncia qual será a receita do vídeo.

◯ Ela já inicia o preparo da receita, sem cumprimentar o público antes.

2 Uma receita tem por objetivo ensinar algo. O que essa receita ensina?

____

3 Uma receita escrita costuma ser dividida em duas partes: os ingredientes e o modo de preparo.

a) A receita de palitinhos de queijo apresenta essas duas partes?

____

b) Quais são os ingredientes?

____

____

c) Reconte oralmente: Qual é o modo de preparo?

4 Leia alguns trechos da fala de Clara:

- "[...] é só misturar esses três ingredientes [...]"
- "Gente, coloca devagar a margarina [...]"
- "Agora vamos pôr a mão na massa [...]"
- "[...] vamos experimentar?"
- "Faça aí na sua casa e dê vários *likes* aqui."

a) Em cada trecho desses, há uma **ação** que deve ser seguida por quem está aprendendo. Marque as palavras que expressam ações.

( ) misturar
( ) ingredientes
( ) gente
( ) coloca
( ) vamos pôr
( ) massa
( ) vamos experimentar
( ) faça
( ) dê

b) Marque com um X o que a maioria dessas ações expressa:

◯ orientação

◯ relato do passado

◯ dúvida

5 A receita em vídeo pode facilitar a aprendizagem do preparo, pois acompanhamos visualmente as etapas. Leia um trecho da receita:

> "(Clara) — Gente, e vocês têm que ficar mexendo assim com a mão até a massa ficar homogênea, tá bom?
> (Bichinho de pelúcia) — Homogênea?
> (Clara) — É. Gente, a massa tem que ficar assim, ó [*mostra a massa para a câmera*]. Bem juntinha, tá bom? [...]"

Responda oralmente:

a) Você sabe o que é uma massa homogênea?

b) Como Clara explica ao público o ponto certo da massa?

6 Para convencer o público a fazer a receita, Clara usa alguns adjetivos.

a) Logo no início do vídeo, como ela caracteriza a receita?

◯ difícil ◯ simples ◯ deliciosa

b) Depois de experimentar o prato pronto, o que ela diz sobre ele?

___

___

c) Responda oralmente: Você ficou com vontade de fazer a receita e experimentar os palitinhos de queijo?

7 A receita usa o forno. Responda oralmente:

a) Antes de colocar a assadeira no forno, Clara afirma que é preciso chamar alguém. Quem?

b) Por que Clara faz essa recomendação?

8 Em canais de vídeo na internet, quem produz e divulga os vídeos tem o sucesso avaliado pelo número de visualizações, de curtidas e de comentários. Responda oralmente: Como Clara encerra seu vídeo?

AGORA É A SUA VEZ

Selecione uma receita que marca sua infância para incluir em seu portfólio. Pense naquela comida que você adora ou que faz com que você se lembre de momentos legais, divertidos (um bolo da vovó, um sanduíche feito para piqueniques, etc.).

Copie por escrito, em uma folha de papel sulfite, a receita escolhida. Confira se há título, ingredientes e modo de preparo. Você pode ilustrá-la para compor o portfólio. Guarde a receita.

Depois, grave a receita em vídeo para divulgar para a turma e para sua família. Peça ajuda a um adulto. Outras pessoas poderão fazer a mesma receita e provar seu prato favorito.

Não se esqueça de fotografar o momento da gravação do vídeo, para que você possa inserir também esse registro em seu portfólio.

Filipe Rocha/Arquivo da editora

PLANEJAMENTO DO TEXTO

- Providencie uma câmera ou um celular com câmera e peça ajuda a um adulto ou a um colega para gravar você fazendo a receita escolhida.
- Organize o local onde a receita será feita: pode ser uma mesa, um balcão na cozinha ou outro local adequado para o preparo.
- Confira a lista de ingredientes e pegue cada um deles. Peça ajuda a um adulto para separar as quantidades exatas.
- Providencie os utensílios: colheres, espátula, assadeira, panela, etc.
- Retome as etapas do preparo. Tente memorizá-las.
- Faça um ensaio do vídeo antes de iniciar a gravação, sem realmente preparar a receita. Se possível, grave o ensaio para assistir a ele e ver o que pode melhorar.
- Caso sua receita precise de forno, fogão ou objetos cortantes, como uma faca, peça ajuda a um adulto. Lembre-se de lavar as mãos antes de começar.

GRAVANDO A RECEITA

- Inicie seu vídeo cumprimentando o público e se apresentando.
- Diga qual é a receita que será preparada. Se possível, caracterize-a com adjetivos que despertem o interesse do público em preparar a receita, como **saborosa**, **gostosa**, **divertida**, **colorida**, etc.
- Dê a lista de ingredientes e mostre-os para a câmera.
- Prepare a receita lentamente, para que a câmera registre os movimentos e o público possa acompanhar o modo de preparo.

Filipe Rocha/Arquivo da editora

- Relate cada etapa do preparo e dê dicas ao público.
- Após tudo pronto, prove o alimento que você preparou e comente o sabor dele.
- Encerre o vídeo se despedindo do público.

REVISÃO E EDIÇÃO

Antes de finalizar a receita, reveja o vídeo, observando:

- O apresentador diz o nome dele, o título da receita e a recomenda ao público, usando adjetivos no início do vídeo?
- O vídeo ou o áudio estão bem-realizados e o tempo está adequado?
- O apresentador fala com clareza e boa dicção (pronúncia)?
- O ritmo da gravação é adequado e flui naturalmente?
- Fica claro quais são os ingredientes necessários para realizar a receita e que ações devem ser feitas para que ela tenha sucesso?
- A parte técnica — som, imagens, iluminação — está bem-realizada?

Concluída a revisão, faça a edição final da gravação. Se necessário, peça ajuda a um adulto — familiar ou professor de Informática da escola — para fazer a edição.

DIVIRTA-SE

© Armandinho, de Alexandre Beck/Acervo do cartunista

(Disponível em: https://tirasarmandinho.tumblr.com/post/115056626264/tirinha-original. Acesso em: 9/1/2021.)

OFICINA DE CRIAÇÃO

PROJETO: MEMÓRIAS DE INFÂNCIA

Nesta unidade, você e os colegas conversaram sobre a infância de vocês e compartilharam preferências antigas e atuais e lembranças de quando eram menores. Ao longo dos capítulos, vocês escreveram cartas, produziram um diário e gravaram vídeos de receitas a fim de montar um portfólio pessoal de memórias para guardar como recordação dessa época e revisitar daqui a algum tempo. Agora chegou a hora de montar esse portfólio! Vamos lá?

1. Confecção do portfólio

Converse com o professor e com os colegas sobre a melhor forma de confeccionar o portfólio: você pode usar uma pasta plástica ou de papel ou montar uma pasta nova usando materiais diferentes, como cartolina, papéis lisos e estampados, tesoura, cola, elástico, barbante ou grampeador. Se quiser, você pode usar como base para o tamanho do seu portfólio o diário que escreveu no capítulo 2.

Giz de Cera/Arquivo da editora

Prepare uma capa bem bonita, com desenhos, pintura, colagem de recortes de revistas, fotografias, adesivos, ou outra técnica que preferir. Ao escolher as imagens da capa, procure fazer referências ao conteúdo do portfólio. Peça ajuda ao professor, se precisar.

2. Seleção dos textos – As cartas

Selecione a carta ou uma cópia da carta individual que você produziu no capítulo 1 e a carta que inspirou você a escrevê-la. Se você a enviou ao destinatário e obteve resposta, anexe também ao portfólio a carta recebida.

Você pode, ainda, conversar com seus familiares e resgatar alguma carta antiga que tenha importância para a família e colocar a versão original ou uma cópia dela no portfólio.

3. As receitas

Separe a receita que você escolheu para gravar o vídeo no capítulo 3 e compartilhe com os colegas. Como ela faz parte da sua infância, guarde-a no portfólio para se lembrar dela e poder reproduzi-la quando quiser.

Coloque também a foto da gravação do seu vídeo e, se tiver o vídeo salvo em alguma mídia (CD ou *pen drive*), anexe-a ao portfólio.

Giz de Cera/Arquivo da editora

4. O diário

As páginas do diário que você escreveu também farão parte do portfólio. É por meio delas que, daqui a muito tempo, você poderá relembrar a história da produção desse material e buscar na memória os momentos que viveu com os colegas enquanto participava desse projeto.

Giz de Cera/Arquivo da editora

5. Compartilhando o portfólio

Combine com o professor e os colegas um dia para que vocês possam expor e compartilhar os portfólios. Nesse dia, observem as memórias da infância e das famílias uns dos outros.

Leve o portfólio para casa e mostre aos familiares. Pergunte a eles se também se lembram das cartas e das receitas que você escolheu para guardar ali e mostre o diário contando como foi participar do projeto.

Depois, guarde o portfólio para revisitá-lo daqui a alguns anos. Ele será como uma "cápsula do tempo" que vai fazer você viajar em suas lembranças!

Giz de Cera/Arquivo da editora

UNIDADE 2

VIVA A SAÚDE!

Passa um ano, passam dois, passam três... Quantas mudanças ocorrem em seu corpo, não é? Cresce, engorda, emagrece, fica doente, sara... Toma banho, escova os dentes, sente fome, come, corre, joga bola, pula, descansa no sofá... Conheça, nesta unidade, quanta coisa é importante saber para ter uma vida saudável!

Odua Images/Shutterstock

Africa Studio/Shutterstock

wavebreakmedia/Shutterstock

NDAB Creativity/Shutterstock

Nuvens

No mundo das fadas
o sorvete é de nuvens:
branquinhas como carneiro,
são nuvens de coco
para comer
de janeiro a janeiro.
Rosadas de sol,
nuvens de goiabada com queijo,
amarelinhas, sorvete de girassol,
sorvete de flor.
Estenda as mãos até o céu
e escolha um sabor.

(Roseana Murray e André Murray. *Poemas e comidinhas*. São Paulo: Paulus, 2008. p. 6.)

Giz de Cera/Arquivo da editora

DIVIRTA-SE... E FIQUE POR DENTRO!

FILMES

Reprodução/DreamWorks Animation e Oriental DreamWorks

- *Kung Fu Panda 3* (2016), de Jennifer Yuh Nelson e Alessandro Carloni.
  Para derrotar o plano do vilão touro Kai — o Coletor —, panda Po deve aprender com o mestre Shifu a técnica de dominação do chi, que, na medicina tradicional chinesa, é um tipo de energia vital. É essa energia que faz o herói aprender e ensinar que cada um deve buscar o que há de melhor em si mesmo. Po, atrapalhado como sempre, vai se desconcentrar um pouco do objetivo dele com a chegada de seu pai de sangue, panda Li, que desperta ciúme no pai de Po, o ganso senhor Ping.

Reprodução/GEM Entertainment

- Assista também aos filmes *Leo da Vinci: missão Mona Lisa*, de Sergio Manfio; *Ratatouille*, de Brad Bird Remy; *Tá chovendo hambúrguer*, de Chris Miller e Phi Lord. E, com seus pais, assista ao documentário *Muito além do peso*, de Estela Renner, feito para adultos, que pode ser baixado gratuitamente na internet.

MÚSICAS

- Ouça a música "Fome come", de Sandra Peres e Paulo Tatit (Palavra Cantada), e o CD *Flores e frutas* (Atração).
- Ouça também a canção "Pirou na batatinha", de Taciana Barros e Luiz Barros, encontrada no CD *Pequeno cidadão 2*, e "Pé com pé" e "Canções de brincar", de Sandra Peres e Paulo Tatit (Palavra Cantada).

LIVROS

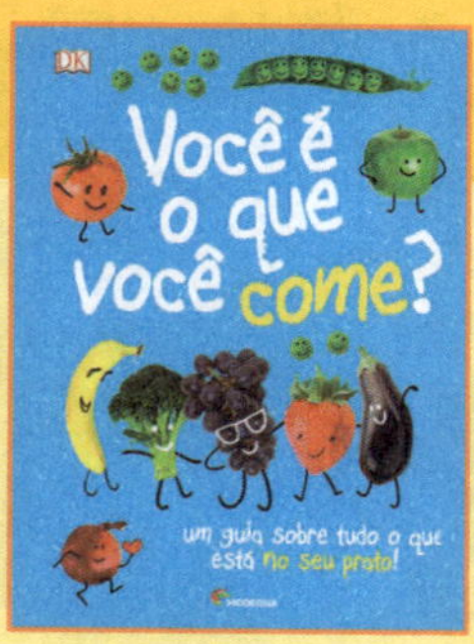

Reprodução/Editora Moderna

Vá à biblioteca da escola ou à biblioteca do bairro ou da cidade onde você mora e veja se os livros indicados a seguir estão disponíveis para empréstimo. Se não estiverem, selecione outros sobre o tema desta unidade.

- O livro *Você é o que você come? — Um guia sobre tudo o que está no seu prato!* (Moderna) é um almanaque que explica o corpo humano e várias curiosidades sobre a alimentação.
- Leia também: *O livro dos porquês*, de Gianni Rodari (Edelbra); *Eu como assim ou assado?*, de Michele Iacocca (Ática); *A cesta da Maricota*, de Tatiana Belinky (Paulinas); *Não gosto de saladas*, de Tony Ross (WMF Martins Fontes); *Eu nunca vou comer um tomate*, de Lauren Child (Ática); e *Poemas e comidinhas*, de Roseana Murray (Paulus).

SITES

- Confira receitas gostosas e saudáveis na Cozinha Colorida da Kapim: https://gnt.globo.com/programas/cozinha-colorida-da-kapim/.
- http://chc.org.br/
- https://recreio.uol.com.br/canal/corpo-humano/

OFICINA DE CRIAÇÃO

PROJETO: JORNAL TELEVISIVO: DIVULGANDO DESCOBERTAS

Organize, com os colegas, um jornal televisivo com notícias sobre as descobertas que vocês fizeram ao longo desta unidade.

Jean Galvão/Arquivo da editora

CAPÍTULO 1

VOCÊ TEM FOME DE QUÊ?

LEITURA DE IMAGEM

Observe as imagens a seguir:

Gregg Segal/Acervo do fotógrafo

Henrico mora em um bairro da região nobre de Brasília e gosta de inventar petiscos. "Entre os favoritos dele estão suflê de chocolate, qualquer coisa com creme de avelã, brigadeiro, torrada com manteiga polvilhada com chocolate em pó (uma guloseima inventada pelo tio dele) e uma de suas criações: bife coberto de banana fatiada."

(Disponível em: https://www.instagram.com/p/Byn5NNZj4v7/?utm_source=ig_web_copy_link. Acesso em: 20/1/2021.)

Gregg Segal/Acervo do fotógrafo

Ademilson Francisco dos Santos viajou de Vão de Almas, uma vila com 200 famílias no estado de Goiás, para Brasília para fazer a sessão de fotos do "Daily Bread". O dia de Ademilson é dividido entre a escola pela manhã e a agricultura à tarde. Ele ajuda o pai a colher mandioca, alimento básico de uma dieta simples, pura e livre de alimentos processados e embalados, que a família mantém.

(Disponível em: https://www.instagram.com/p/BmwhaU4DEpk/?utm_source=ig_web_copy_link. Acesso em: 20/1/2021.)

As duas fotos são de crianças brasileiras e fazem parte de um projeto chamado "Daily Bread", que significa "Pão de todo dia", criado pelo fotógrafo Gregg Segal para mostrar o que crianças de diferentes partes do mundo comem durante uma semana. As fotos foram feitas no Brasil, na Malásia, na Indonésia, na França, nos Emirados Árabes, entre outros países.

1 Observe os alimentos da primeira fotografia.

a) Os alimentos estão, na maior parte, em embalagens, soltos ou em pratos?

___

b) Além dos alimentos do lado direito de Henrico, há alguns soltos ao redor do corpo dele. Quais são eles?

___

c) Na sua opinião, por que o fotógrafo escolheu esses alimentos para estarem em volta do corpo do menino?

___

___

2 Observe a segunda fotografia.

Gregg Segal/Acervo do fotógrafo

a) Como é apresentada a maioria dos alimentos consumidos por Ademilson? Assinale:

- ◯ em pratos
- ◯ em panelas
- ◯ em embalagens plásticas
- ◯ na própria casca, como aparecem na natureza
- ◯ em sacos e garrafas

b) Há algum alimento comprado pronto e que vem embalado nessa foto? Ele aparece em grande ou em pequena quantidade? Responda oralmente.

3 Os alimentos consumidos pelos dois meninos são bastante diferentes.

a) Alguém prepara, cozinha ou elabora a maioria dos alimentos consumidos por Henrico?

___

___

b) No caso de Ademilson, a maior parte do que ele consome:

( ) é fresca, natural ou foi preparada, cozinhada em casa.

( ) já chegou pronta em casa, tendo sido produzida pela indústria.

4 Releia a legenda da primeira fotografia.

a) Onde vive Henrico? É uma cidade grande ou pequena?

___

___

b) Quais são os petiscos favoritos dele?

___

___

___

___

5 Releia a legenda da segunda fotografia.

a) Onde vive Ademilson? É uma cidade grande ou pequena?

___

___

b) Como é o dia de Ademilson?

____

____

____

c) Quais palavras o fotógrafo usou para caracterizar a alimentação de Ademilson?

____

d) O que não tem na alimentação de Ademilson?
Isso parece algo positivo ou negativo na visão do fotógrafo?
Por quê?

____

____

____

____

6 Você acha que uma alimentação com muitos alimentos industrializados, que compramos embalados, é saudável? Por quê?

____

____

____

____

____

____

7 Escreva o nome dos alimentos ao lado das imagens e, depois, associe-os aos dois meninos:

Imagens: Gregg Segal/Acervo do fotógrafo

8 Quais dos alimentos que aparecem nas fotografias você costuma comer? Comente com os colegas. Depois, faça um desenho ou colagem e tente representar como seria sua fotografia caso você participasse do projeto "Daily Bread".

DE OLHO NA ORALIDADE: DISCUTINDO A QUALIDADE DA ALIMENTAÇÃO

Sente-se em círculo com o professor e os colegas e discutam as seguintes questões:

1 Quais são os alimentos de que você mais gosta? Eles são saudáveis?

2 As pessoas de sua família têm uma dieta saudável? E seus amigos e colegas da escola?

3 Legumes e verduras são necessários para uma alimentação saudável. Você gosta desses alimentos?

nehophoto/Shutterstock

4. Se você está se alimentando mal, o que acha que deve fazer para comer melhor?

5. Na cantina da escola, há alimentos e bebidas saudáveis para as crianças consumirem no intervalo? Se não, que alimentos e bebidas a cantina deveria oferecer?

REFLEXÃO SOBRE A LINGUAGEM

DE OLHO NA LEITURA E NA ESCRITA: EMPREGO DE **H, CH, LH, NH, LIA E LHA/LIO E LHO**

Leia este poema:

Miminha minhoca

Mimi, minha minhoca
Mora aqui no quintal
De dia, fura túneis
Atrás do mandiocal
Mimi, minha minhoca
Ajuda a cuidar da horta
E toda noite dorme
Debaixo da tapioca
Mimi, minha minhoca
Nesse terreiro enorme
Alface, beterraba, espinafre, cenoura
Couve, alho, brócolis, tomate e cebola
Ai, cansei!
Mimi, minhoca minha
Não sonha com o céu azul
Mas quer ter muitas minhoquinhas
E se casar com o minhocoçu!
Depois, montam um coro e aquecem dizendo:
Mamemimomu mumomimema
Mamemimomumomimema

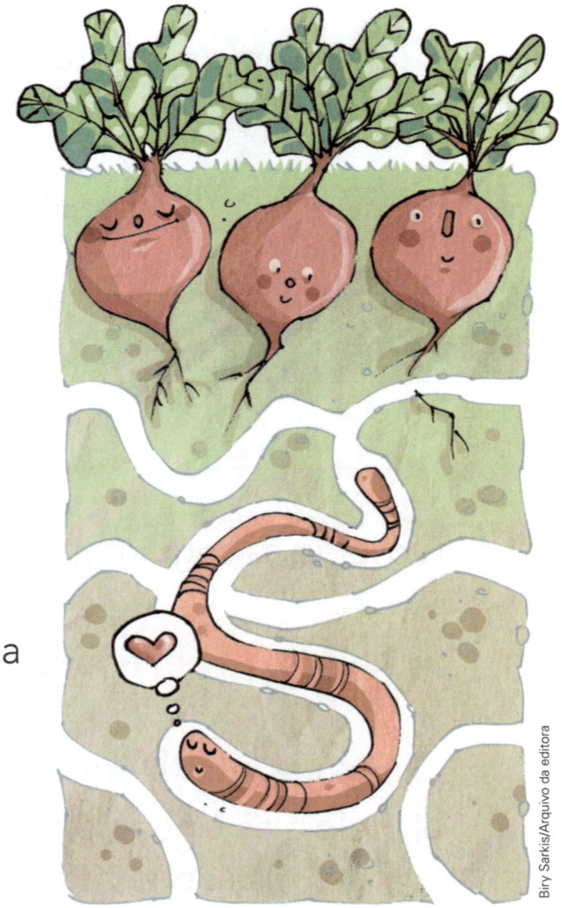

Biry Sarkis/Arquivo da editora

(Fernanda Sander. *Ideia passarinha: poesia (in)completa para crianças*. São José dos Campos, SP: 2019. p. 40.)

1 O poema fala sobre uma minhoca.

a) Qual é o nome da minhoca?

____

b) Por que, no título, a sílaba **mi** aparece duplicada em miminha?

____

____

2 O que a Mimi faz? Assinale:

( ) Fura túneis.
( ) Ajuda a cuidar da horta.
( ) Come a plantação.
( ) Sonha com o céu azul.

3 Onde mora Mimi? O que há nesse local?

____

____

____

4 Observe as seguintes palavras:

minha   minhoca   horta   alho   chuchu

a) Pinte a letra **h** em cada uma delas.

b) Releia as cinco palavras em voz alta e responda: Em qual das palavras a letra **h** não tem som?

____

c) Com quais letras o **h** é combinado para ter som?

____

A letra **h**, no início de palavras, não tem som, porém ela pode ser combinada com as letras **n**, **l** e **c** para criar os sons "nhê", "lhê" e "xê".

5 Escreva o nome das imagens. Todas apresentam a letra **h**, sozinha ou combinada com **c**, **l** e **n**:

BlueRingMedia/Shutterstock

tynyuk/Shutterstock

Hugs ID2/Shutterstock

Kolesov Sergey/Shutterstock

Dernkadel/Shutterstock

______________ ______________ ______________ ______________ ______________

6 Pronuncie em voz alta estes pares de palavras:

alho	cílio
ervilha	família

a) Identifique as últimas sílabas de cada palavra e sublinhe-as.

b) Quanto ao som, como são as últimas sílabas das palavras de cada par: iguais ou diferentes?

____

c) E quanto à escrita?

____

7 Escreva o nome destas figuras.

Ilustrações: Felipe Camêlo/ Arquivo da editora

White Space Illustrations/ Shutterstock

______________ ______________ ______________ ______________

8 Associe a imagem à escrita:

BalMak/Shutterstock

Itálha

Itália

Inglaterra

nnattalli/Shutterstock

girassol

dálha

dália

krolya25/Shutterstock

sandália

sandalha

sapato

9 Preste atenção na leitura que o professor vai fazer do poema a seguir. Depois, complete as lacunas.

Minha cama

Um ______________________ na banheira
______________________ sempre a casa inteira.

A água cai e se ______________________,
______________________ o chão e a ______________________.

E o ______________________: "Eu não ligo
Estou lavando o umbigo!"

E lava e nunca sossega,
Esfrega, esfrega e esfrega

A ______________________,
[o peito, o nariz,
As costas das mãos e diz:

Agora vou dormir na lama
Porque é lá a minha cama.

(Sérgio Capparelli. *111 poemas para crianças*. Porto Alegre: L&PM, 2003. p. 87.)

BRINCANDO COM PALAVRAS

1 Com ou sem **h**? Assinale o nome das palavras e descubra se elas começam ou não por **h**. Se necessário, consulte o dicionário para tirar dúvidas ortográficas.

Djumani Isidoro/Shutterstock

( ) aliança ( ) haliança

ungvar/Shutterstock

( ) ambúrguer ( ) hambúrguer

Photos SS/Shutterstock

( ) elicóptero ( ) helicóptero

jocic/Shutterstock

( ) espelho ( ) hespelho

Colorfuel Studio/Shutterstock

( ) humor ( ) umor

StockSmartStart/Shutterstock

( ) húltimo ( ) último

2 Convide um colega para ver quem escapa da forca.

- Forno grande.

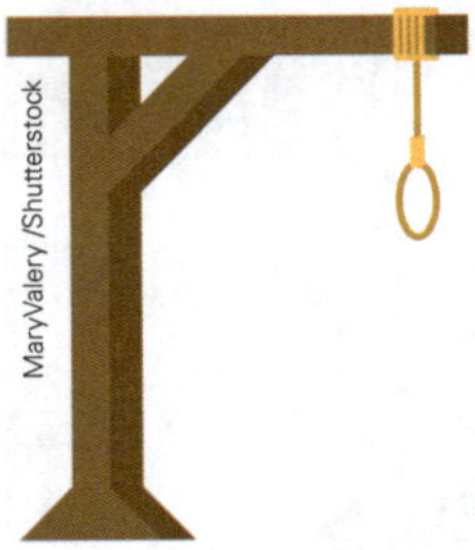

F ___ ___ ___ ___ ___ ___ A

- O mesmo que casa, lar.

D ___ ___ ___ ___ ___ ___ ___ ___

- A árvore tem e o caderno também.

___ ___ ___ ___ ___

PRODUÇÃO DE TEXTO

O RELATO DE OBSERVAÇÃO ORAL E ESCRITO

Você já se perguntou de que é feita uma salsicha? Ou quais são os ingredientes de uma bolacha recheada? Por que um bolo feito em casa estraga logo e aqueles que vêm em embalagens duram bastante tempo no armário? Por que dizem que refrigerante faz mal à saúde?

As curiosidades sobre o que comemos podem ser muitas. Que tal realizar experimentos para responder a algumas dessas perguntas?

Foi isso que o Tiago fez. Assista ao vídeo com o experimento que ele fez sobre alimentos orgânicos e alimentos com agrotóxicos:

Reprodução/YouTube

(Disponível em: https://www.youtube.com/watch?v=fxFbyzXiUxY. Acesso em: 20/1/2021.)

1 O garoto faz um experimento com duas batatas-doces.

a) Qual é a diferença entre elas?

____

____

____

b) Você sabe o que é um alimento orgânico? Leia o boxe ao lado, discuta com os colegas e pesquise, se necessário.

____

____

____

____

O QUE SÃO AGROTÓXICOS?

Agrotóxicos, também conhecidos como pesticidas, são produtos químicos (parecidos com os inseticidas e produtos para matar mosquito usados em casa) aplicados nas plantações para evitar que pragas ataquem a lavoura e diminuam a produção de alimentos. Muitos desses produtos podem ser prejudiciais não só à saúde de quem come esses alimentos, mas também à saúde de quem aplica os agrotóxicos e até mesmo ao solo no qual os alimentos são plantados.

David Moreno Hernandez/Shutterstock

2 O experimento é bem simples.

a) O que Tiago fez com as batatas logo no início?

____

____

b) O que ele fez ao longo dos dias?

____

____

____

c) Quanto tempo durou o experimento?

____

3 Tiago conversa com as batatas-doces e coloca música para elas ao longo dos dias para que elas brotem. Ele diz a uma delas que ela é "mais bonita que um boleto pago" e à outra que ela é "mais bom que coxinha".

a) Converse com a turma e responda oralmente: O que é um **boleto pago**?

b) Qual expressão poderia substituir "mais bom" adequadamente? Assinale:

( ) mais melhor ( ) melhor ( ) mais boa

c) Por que você acha que Tiago conversa com as batatas e coloca música para elas no vídeo?

____

____

____

4 Sobre o resultado do experimento, responda:

a) O que aconteceu com a batata-doce com agrotóxico?

____

b) O que aconteceu com a batata-doce orgânica?

____

____

____

c) Ao mostrar a batata-doce orgânica brotando, Tiago diz que ela se parece com o quê? Que parte da planta ele mostra?

____

____

____

5 Ao final do experimento, Tiago tira sua conclusão.

a) Que conclusão Tiago tirou?

____

____

____

____

____

____

b) Troque ideias com os colegas e o professor e responda oralmente: Por que Tiago chegou a essa conclusão?

AGORA É A SUA VEZ

Ao final desta unidade, você vai organizar um jornal televisivo sobre suas descobertas científicas.

Leia o texto a seguir.

O que são alimentos ultraprocessados e como afetam a saúde?

beats1/Shutterstock

[...]

Aquela bolacha ou salgadinho que fazem parte da sua rotina alimentar podem nem sequer ser considerados um alimento mas, sim, uma fórmula criada pela indústria. Essas comidas levam o nome de ultraprocessados e, na verdade, são fórmulas industriais com baixo custo para a indústria, mas um altíssimo preço para a nossa saúde. Alimentos ultraprocessados são ricos em sal, açúcar e gorduras hidrogenadas. Além disso, contêm aditivos como corantes e saborizantes artificiais, alguns considerados cancerígenos, como o corante caramelo.

[...]

- Esses produtos têm um alto tempo de prateleira. Não estragam nunca ou demoram muito tempo para estragar.

- Quanto maior a durabilidade do alimento na prateleira, menor a sua vida. Pense nisso!

Exemplos de alimentos ultraprocessados

Queijinhos petit suisse, iogurtes saborizados, cereais matinais, achocolatados, lasanhas e pizzas congeladas, pipocas de micro-ondas, barrinhas de cereais, entre outros.

*conteúdo produzido pelas colunistas Carol Bandeira e Silvia Ozcariz (Disponível em: https://www.nsctotal.com.br/noticias/alimentos-ultraprocessados. Acesso em: 21/1/2021.)

1 O texto lido é parte de um verbete de curiosidade sobre alimentos ultraprocessados:

a) Você já tinha ouvido falar em alimento ultraprocessado? Comente com a turma.

b) O texto explica que ultraprocessados não são considerados alimentos. Então, o que eles são?

____

____

2 O texto afirma que esses alimentos têm "baixo custo para a indústria, mas um altíssimo preço para a nossa saúde".

a) O que significa "altíssimo preço para a nossa saúde"? Assinale:

◯ Temos que pagar caro para cuidar mais da saúde.

◯ São alimentos prejudiciais para nossa saúde.

b) O que há nesses alimentos que pode causar danos à saúde?

____

____

3 Os alimentos ultraprocessados estragam rápido ou duram muito tempo? O que o texto afirma sobre a relação entre a durabilidade do alimento e a nossa vida?

Que tal fazer um experimento para comparar o que acontece com um alimento feito em casa e um alimento comprado pronto? Veja algumas ideias de comparação:

- Bolo feito em casa e bolo industrializado.
- Batatinha frita feita em casa e batatinha frita industrializada.
- Pão caseiro e pão industrializado.
- Bolachas ou *cookies* feitos em casa e bolachas industrializadas.
- Requeijão caseiro e requeijão industrializado.
- Leite de saquinho, pasteurizado, e leite de caixinha, UHT.

Mathee saengkaew/Shutterstock

Suheil Kapadia/Shutterstock

PLANEJAMENTO DA EXPERIÊNCIA E DO VÍDEO

Realizando a experiência

- Escolha dois itens semelhantes. Peça ajuda a um adulto para preparar o alimento caseiro e comprar um semelhante industrializado.
- Guarde a receita do alimento caseiro e a embalagem do alimento industrializado. Você vai precisar para fazer o relato escrito.
- Providencie uma câmera ou um celular com câmera e peça ajuda a um adulto ou a um colega para gravar sua experiência.
- Organize o local onde a experiência será feita: pode ser uma mesa, um balcão na cozinha ou outro espaço adequado. Selecione um lugar com boa iluminação para a gravação. Certifique-se de que nesse espaço não vão bichos como formigas, pois isso pode prejudicar o andamento da experiência.
- Separe recipientes iguais para manter os dois itens: por exemplo, um pedaço de bolo caseiro em um prato e um bolinho industrializado em outro prato semelhante; um copo de leite de saquinho e um copo, do mesmo tipo, de leite de caixinha.
- Faça um ensaio do vídeo antes de iniciar a gravação. Pense em como vai cumprimentar o público, mostre os alimentos comparados para a câmera e explique o objetivo da experiência: ver as alterações em um alimento caseiro e em um alimento industrializado ao longo de alguns dias. Se possível, grave o ensaio para assistir a ele e ver o que pode melhorar.

Gravando o primeiro vídeo

- Peça ajuda a um adulto ou a um colega para gravar o vídeo.
- Explique a experiência para o público.
- Lembre-se de mostrar os alimentos para a câmera.
- Diga ao público que você vai gravar um novo vídeo ao final da experiência, depois de alguns dias: uma semana, 10 dias,

15 dias, 30 dias, a depender do alimento. Se julgar conveniente, faça uma gravação intermediária e outra final, para mostrar todo o processo.

Observando e anotando

- Inicie anotando a data do primeiro dia da experiência.
- Anote como você preparou o início da experiência.
- Registre a receita, se houver, do alimento caseiro e cole a embalagem do alimento industrializado ou uma foto da embalagem.
- Mantenha os alimentos em um lugar arejado, onde ninguém mexa, mas não os coloque na geladeira.
- A cada dia, observe os dois itens e anote o que acontece com cada um deles: alterações na cor, no cheiro, na consistência, se aparecem manchas de bolor, como são essas manchas, etc.
- Tire fotos todos os dias e compare os dois alimentos.

Gravando o segundo vídeo

- Cumprimente novamente o público.
- Crie expectativa antes de mostrar os alimentos. Faça perguntas: Como será que nossos alimentos estão depois de 10/20/30 dias? O que será que aconteceu?
- Mostre os dois itens, chamando a atenção para as mudanças de cada um.
- Comente o resultado: Os alimentos estão parecidos ou diferentes? Algum deles parece estragado? Algum deles parece ainda próprio para o consumo?
- Explique os resultados: Se um estragou muito rápido e o outro não estragou, talvez seja porque o alimento industrializado tenha muito conservante. Você pode ler a lista de ingredientes dos dois alimentos para pensar nas possíveis causas que levaram a esses resultados.
- Finalize o vídeo, despedindo-se do público.

REVISÃO E EDIÇÃO DO RELATO ORAL

Antes de finalizar a experiência, reveja o vídeo, observando:

- O apresentador diz seu nome, explica a experiência e mostra os alimentos ao público?
- O vídeo está bem-realizado e o tempo está adequado?
- O apresentador fala com clareza e boa dicção (pronúncia)?
- O ritmo da gravação é adequado e flui naturalmente?
- A parte técnica — som, imagens, iluminação — está bem-realizada?

Concluída a revisão, faça a edição final da gravação. Se necessário, peça ajuda a um adulto — familiar ou professor de Informática da escola — para fazer a edição.

PLANEJAMENTO DO RELATO ESCRITO

Após a revisão do vídeo, produza seu relato escrito:

- Retome suas anotações e complemente-as se achar necessário.
- Planeje o texto em parágrafos: explique a experiência no primeiro parágrafo; descreva o que ocorreu ao longo dos dias em dois ou três parágrafos; escreva o resultado no último parágrafo.
- Lembre-se de apontar quando cada mudança foi observada. Exemplo: No quinto dia, o bolo caseiro estava mais escuro, com um cheiro desagradável...
- Escolha um título para seu relato de observação.
- Escolha fotos para ilustrar cada dia. Se possível, imprima as fotos para juntar ao relatório, sempre identificando as datas.

Você pode seguir este modelo:

Fiz uma experiência para comparar um bolo feito em casa com um bolo industrializado, comprado no mercado. Coloquei cada um...

No primeiro dia...

No segundo dia...

Depois de uma semana...

Ao final de 10 dias...

Resultados

Notei que o bolo caseiro...
e o bolo industrializado...

Veja as fotos ao final deste relato.

Anna Kondratyeva/Shutterstock

P Maxwell Photography/Shutterstock

REVISÃO E REESCRITA DO RELATO ESCRITO

Releia seu relato de observação escrito e verifique:

- O texto está organizado em parágrafos?
- A experiência está bem-explicada logo no início do texto?
- Há o registro diário das mudanças observadas?
- Há a descrição do resultado final no último parágrafo?
- Há fotos que mostram as alterações nos alimentos comparados?

DIVIRTA-SE

Que alimento é este?

Você conhece bem as frutas, legumes e verduras? Prove seu conhecimento e escreva o nome de cada alimento [...]. Se tiver dificuldade, sua alimentação precisa melhorar.

1. É rica em água, elemento essencial para manter o corpo hidratado e favorecer as reações químicas nas nossas células. O fruto também é fonte de minerais (magnésio, zinco, potássio, cálcio, ferro e fósforo) e vitaminas A, B1, B2 e C, que são bons para a saúde dos olhos, pele, boca e cabelo.

   ____

2. É rico em fibras e ótima fonte de ferro (que previne anemia), magnésio, potássio, fósforo e cálcio. Também tem bastante água e poucas calorias, bom para refeições leves e saudáveis.

   ____

Ilustra Cartoon/Arquivo da editora

3 Tem potássio, que dá energia, e fósforo, que fortalece os neurônios e batimentos cardíacos. Também possui cálcio, que atua na formação de dentes e ossos, e ferro.

____

4 Verdura de gosto um pouco amargo. Tem antioxidantes, substâncias que ajudam no funcionamento do organismo, e vitaminas como a A, que auxilia no crescimento dos ossos e na qualidade da visão e da pele.

____

5 Fruta rica em nutrientes como a vitamina C, um antioxidante que evita que os radicais livres ataquem nossas células. Também é fonte de fibras, que auxiliam na digestão.

____

("Pese suas escolhas", do Estadinho. Disponível em: https://www.estadao.com.br/blogs/estadinho/wp-content/uploads/sites/580/2013/02/P%C3%A1gina-41.jpg. Acesso em: 21/1/2021.)

CAPÍTULO 2

DORMIR E COMER, QUE VIDA BOA!

LEITURA

Leia este texto de divulgação científica:

Você sabia que... Sono

... por causa do uso de aparelhos eletrônicos e equipamentos que emitem muita luz, as pessoas estão indo dormir mais tarde? Estima-se que, na segunda metade do século 20, a quantidade de horas de sono tenha diminuído cerca de 90 minutos nos Estados Unidos.

Biry Sarkis/Arquivo da editora

... a falta de sono faz com que o organismo produza menos leptina, o hormônio que regula a sensação de saciedade? Com isso, comemos mais.

... dormir é importante para a memória? Durante o sono, o cérebro reorganiza os registros do que aconteceu durante o dia de acordo com a utilidade dessas informações, facilitando o uso que faremos delas no futuro.

... durante o sono o organismo produz o hormônio GH, conhecido

como hormônio do crescimento? Mas apenas dormir não basta para crescer de forma saudável. Outros fatores, como alimentação equilibrada e exercícios físicos, também são importantes.

... muitos sonhos acontecem durante a fase do sono chamada REM? Essa sigla significa Rapid Eye Movement — ou Movimento Ocular Rápido (MOR), em português. Nessa fase, o cérebro está bastante ativo.

Fontes: BBC, Harvard Med, G1, Medical News Today, Medscape, National Center for Biotechnology Information, National Sleep Foundation, Sociedade Brasileira de Endocrinologia e Metabologia e Superinteressante.

Esta matéria foi originalmente publicada na edição 137 do jornal *Joca*. (Disponível em: https://www.jornaljoca.com.br/voce-sabia-que-sono/. Acesso em: 22/1/2021.)

OS SENTIDOS DO TEXTO

1 O título do texto é "Você sabia que... Sono". O que complementa as reticências? Assinale:

- ( ) Somente a primeira curiosidade sobre o sono.
- ( ) Todas as curiosidades sobre o sono, iniciadas com reticências também.
- ( ) Somente a palavra **sono** do título.

2 Qual é o tema do texto?

____

3 Para quem são destinadas as perguntas?

____

4 O texto trata da importância do sono.

a) Qual é a causa apontada no texto para a diminuição das horas de sono das pessoas no último século?

____

____

b) As pessoas têm dormido quanto tempo a menos?

____

c) O dado de que as pessoas dormem menos é do mundo inteiro, do Brasil ou de outro país?

____

5 Assinale as consequências de dormir menos ou dormir mal citadas no texto:

- ◯ Comemos mais.
- ◯ Ficamos mais inteligentes.
- ◯ Crescemos menos ou de forma menos saudável.
- ◯ Temos mais tempo para fazer coisas mais importantes.

6 De acordo com o texto, o sono é importante para a memória. O que acontece com nosso cérebro enquanto dormimos? Ele funciona ou fica inativo, parado?

____

____

____

7 O texto afirma que, durante o sono, produzimos um hormônio responsável pelo crescimento.

a) Qual é o nome desse hormônio?

____

b) De acordo com o texto, basta dormir bem para crescer de maneira saudável?

____

____

Giz de Cera/Arquivo da editora

8 Você já conhecia algumas dessas informações? Complete a tabela com informações do texto, separando as que você já sabia daquelas que você aprendeu lendo o texto:

Já sabia	Descobri lendo o texto

9 Para escrever o verbete de curiosidade sobre o sono, os autores pesquisaram o tema.

a) Grife no texto as fontes consultadas.

b) Converse com os colegas: Como você imagina que os autores pesquisaram o tema? Aonde eles foram? O que eles leram?

TROCANDO IDEIAS

Converse com os colegas sobre seus hábitos de sono:

- Como é o seu sono?
- A que horas você vai dormir?
- Acorda a que horas?
- O que você faz logo antes de dormir?
- Você fica bastante tempo no celular, na TV, em *tablets*? Você acha que isso interfere no seu sono?
- Você demora para pegar no sono?
- Você se sente cansado ou bem-disposto ao acordar?

Giz de Cera/Arquivo da editora

LENDO INFOGRÁFICO

Você aprendeu que, para crescer de maneira saudável, é preciso dormir bem, se alimentar de maneira equilibrada e se exercitar. Mas o que é ter uma alimentação equilibrada? Leia a pirâmide alimentar abaixo e descubra.

(Mauricio de Sousa. Disponível em: https://br.pinterest.com/pin/700872760729013617/. Acesso em: 26/1/2021.)

1 A pirâmide é um infográfico, isto é, um tipo de ilustração que apresenta várias informações.

a) Qual é a personagem da Turma da Mônica que aparece nesse infográfico?

____

b) Qual é a característica principal dessa personagem?

____

2 A pirâmide está organizada em grupos de alimentos que podem ser consumidos em maior quantidade e grupos de alimentos que devem ser consumidos em pequena quantidade pelas crianças, para que elas tenham uma boa saúde.

Ligue os números aos tipos de alimento:

1	legumes, verduras e frutas
2	arroz, pão, batata, mandioca, macarrão, milho
3	frituras, doces, comidas oleosas ou açucaradas
4	leite, queijo, iogurte, feijão, ervilha, carnes, ovos

3 De acordo com as partes que compõem a pirâmide:

a) Quais são os alimentos que podemos consumir em maior quantidade? Por quê?

© Mauricio de Sousa /Mauricio de Sousa Editora Ltda.

____

____

____

b) Quais são os alimentos que devemos consumir em pequenas quantidades? Por quê?

____

____

4 Uma criança come, todos os dias, no almoço e no jantar, os seguintes alimentos: arroz, mandioca, milho e batata frita. Nos intervalos entre as refeições, ela come doces e bolos. Observe a pirâmide e responda: Essa criança se alimenta bem? Por quê?

____

____

5 Para emagrecer, uma criança passou a comer apenas carnes e salada em todas as refeições. A alimentação dela está bem balanceada? Por quê?

____

____

6 O Ministério da Saúde recomenda que cada pessoa faça seis refeições por dia. Reúna-se com um ou dois colegas e montem um cardápio diário balanceado, saboroso e saudável para crianças. Registrem o cardápio no caderno.

7 De acordo com o Ministério da Saúde, as pessoas, além de terem uma alimentação saudável, devem fazer pelo menos meia hora de exercícios físicos todos os dias.

a) Você acha que ficar muitas horas do dia vendo televisão ou jogando *videogame* faz bem para a saúde? Por quê?

____

____

b) Que tipo de exercícios ou de brincadeiras uma criança pode fazer para manter o corpo saudável?

____

____

REFLEXÃO SOBRE A LINGUAGEM

O DICIONÁRIO

Releia o seguinte trecho do texto sobre o sono.

> **"... a falta de sono faz com que o organismo produza menos leptina, o hormônio que regula a sensação de saciedade?** Com isso, comemos mais."

1 Como o texto explica o que é **leptina**? Copie.

____

____

2 Discuta com os colegas e responda oralmente: Você sabe o que é **hormônio** e **saciedade**? Pelo trecho, é possível saber o significado dessas palavras?

3 Agora, leia o verbete de dicionário da palavra **hormônio**:

ho.ri.zon.tal [*Horizonte.* ▣39] *adj2g.* **1.** Do, ou paralelo ao horizonte. **2.** Estendido horizontalmente. • *sf.* **3.** Linha paralela ao horizonte. [Pl.: *-tais.*] § **ho.ri.zon.ta.li.da.de** *sf.*
ho.ri.zon.te [Lat. *horizonte.*] *sm.* Linha na qual o céu e o mar parecem se encontrar.
hor.mô.ni:o [Ingl. *hormone.*] *sm.* Biol. Substância produzida no corpo por órgão, células de um órgão, ou por células dispersas, que é lançada na corrente sanguínea, e que regula o crescimento ou o funcionamento de um órgão ou de um tecido.
ho.rós.co.po [Lat. *horoscopu.*] *sm.* Prognóstico sobre a vida de uma pessoa, tirado, segundo os astrólogos, da situação de certos astros na hora do nascimento dela.
hor.ren.do [Lat. *horrendu.*] *adj.* **1.** Que causa horror. **2.** Que é muito feio. **3.** Cruel. [Sin. ger.: *horrível* e *horroroso.*]
hor.ri.pi.lar [Lat. *horripilare.* ▣1A] *vtd. ep.* **1.** Causar arrepios a, ou tê-los. **2.** Horrorizar(-se). [C.:1] § **hor.ri.pi.lan.te** *adj2g.*

(*Mini Aurélio*. 8. ed. Curitiba: Positivo, 2010. p. 403.)

a) Com a leitura da definição, você conseguiu compreender o que é um hormônio? Responda oralmente.

b) Antes da definição, aparecem abreviações no verbete de dicionário. Relacione as abreviações a seus significados:

Ingl.	substantivo masculino
sm.	Biologia
Biol.	Inglês

c) A informação entre colchetes [Ingl. *Hormone*] significa, no dicionário:

◯ que a origem do termo **hormônio** é do inglês.

◯ que **hormônio** se escreve *hormone* em inglês.

4 Compare as seguintes palavras, que aparecem em ordem no dicionário:

HORIZONTE
HORMÔNIO
HORÓSCOPO

a) Até qual letra as três palavras são iguais?

____

b) Quais são as letras que aparecem depois do **R** em cada uma das palavras?

____

c) Essas letras, depois da letra **R**, seguem a ordem em que aparecem no alfabeto?

____

Veja esta página, do mesmo dicionário, e responda às questões 5 a 9:

sa.bo.re.ar [*Sabor.* ▣1N] *vtd.* **1.** Dar sabor (2) a. **2.** Comer lentamente, com gosto. **3.** Deleitar-se com, comendo ou bebendo. **4.** *P.ext.* Deleitar-se, regozijar-se. [C: 12A]

sa.bo.ro.so (ô) [Lat. *saporosu.* ▣37] *adj.* Gostoso (1). [Pl.: *-rosos* (ó).]

sa.bo.tar [Fr. *saboter.* ▣1A] *vtd.* **1.** Danificar (instalações industriais, etc.) propositadamente. **2.** Causar prejuízos ou danos, clandestinamente. **3.** Dificultar ou impedir por meio de resistência passiva. [C.: 1 (ó)] § **sa.bo.ta.dor** (ô) *sm;* **sa.bo.ta.gem** *sf.*

sa.bre [Fr. *sable.*] *sm.* **1.** Arma branca, reta ou curva, que corta apenas de um lado. **2.** Espada curta.

sa.bu.go [Lat. *sabucu.*] *sm.* **1.** *Bot.* Sagugueiro. **2.** A parte do dedo que adere à unha. **3.** Espiga de milho sem grãos.

sa.bu.guei.ro [*Sabugo.* ▣25] *sm. Bot.* Arbusto caprifoliáceo, medicinal; sabugo.

sa.bu.jar [*Sabujo.* ▣1A] *vtd. e int.* Bajular. [C.:1]

sa.bu.jo [B. -lat. *segusiu.*] *sm.* **1.** Cão de caça grossa. **2.** *Fig.* Bajulador, adulador. § **sa.bu.ji.ce** *sf.*

sa.bur.ra [Lat. *saburra.*] *sf.* Crosta esbranquiçada que cobre a face superior da língua, ger. em doenças estomacais.

▪ **SAC** Abrev. de *Serviço de Atendimento ao Cliente.*

[...]

sa.ca.na [V.E] *adj2g.* Chulo **1.** Que não tem caráter; canalha, malandro. **2.** *Bras.* Diz-se de pessoa sem-vergonha, libidinosa. **3.** *Bras.* Diz-se de pessoa trocista, brincalhona. • *s2g.* **4.** Pessoa sacana.

sa.car [V.D] *vtd.* **1.** Tirar para fora à força, a puxões, com violência. **2.** Puxar (arma) em ameaça. **3.** Emitir (cheque). **4.** Retirar (dinheiro) de instituição financeira. **5.** *Gír.* Entender, compreender. **6.** *Gír.* Observar (ger. com alguma intenção). *ti.* **7.** Sacar (1, 2 e 5). *int.* **8.** *Bras. Pop.* Mentir. **9.** *Esport.* Dar saque[1] (4), ou ter o direito de dá-lo. [C: 1A]

sa.ca.rí.de:o [*Sacar(i)-* + *-ídeo*[2].] *adj.* Semelhante ao açúcar.

sa.ca.rí.fe.ro [*Sacar(i)-* + *-fero.*] *adj.* Que produz ou contém açúcar.

sa.ca.ri.na [*Sacar(i)* + *-ina.* ▣31] *sf. Quím.* Substância branca, sintética, muito doce, us. como substituto da sacarose.

sa.ca.ro.lha *sm.* Instrumento com que se tiram rolhas de cortiça das garrafas ou de outros vasos. [Pl.: *saca-rolhas.*]

sa.ca.ro.lhas *sm2n.* V. *saca-rolha.*

sa.ca.ro.se [*Sacar(i)-* + *-ose*[2].] *sf.* Açúcar da cana e da beterraba.

[...]

sa.ci.ar [Lat. *satiare.* ▣1A] *vtd.* **1.** Extinguir, matar (a fome ou a sede), comendo ou bebendo. **2.** Ser o suficiente, o conveniente ou o necessário para satisfazer (1 e 4) a (alguém); satisfazer: Nada o *saciaria*. *p.* **3.** Comer ou beber até não mais poder, querer ou precisar; fartar-se, satisfazer-se. [C.: 1] § **sa.ci.á.vel** *adj2g.*

sa.ci:e.da.de [Lat. *satietate.* ▣14A] *sf.* **1.** Estado de quem se saciou. **2.** *Fig.* Tédio, aborrecimento, fastio.

sa.ci.for.me [*Saco* + *-iforme.*] *adj2g.* Em forma de saco.

sa.ci-pe.re.rê *sm. Folcl.* Saci. [Pl.: *saci(s)-pererês.*]

sa.co [Lat. *saccu.*] *sm.* **1.** Receptáculo de papel, pano, etc., oblongo, aberto em cima e fechado no fundo e nos lados. **2.** O conteúdo de um saco. **3.** *Anat.* Nome comum a várias cavidades do organismo. **4.** *Bras.* Pequena enseada. **5.** *Bras. Gír.* Amolação, chateação, chatice.

[...]

sa.cra.men.tar [*Sacramento.* ▣1A] *vtd.* **1.** *Rel.* Administrar sacramento, esp. os da confissão e comunhão, a. **2.** Imprimir caráter sagrado a.

679

(*Mini Aurélio*. 8. ed. Curitiba: Positivo, 2010. p. 679.)

5 Na parte superior direita, em azul, há duas palavras: **saborear** e **sacramentar**.

a) Leia as palavras que constam na página e responda: Qual é a função das duas palavras no alto da página?

____

____

b) Consulte um dicionário e responda: Há palavras no topo da página também? A função delas é a mesma da observada no item anterior?

____

c) Responda oralmente: Essas palavras no topo das páginas facilitam a busca por verbetes?

6 Agora, leia o verbete da palavra **saciedade**.

a) O verbete apresenta duas definições. De que forma elas são identificadas e separadas?

____

b) Volte ao texto sobre o sono e responda: Qual das duas definições é a correta para esse uso da palavra **saciedade**?

____

7 A definição 1 esclarece que **saciedade** é o "estado de quem se saciou". Para ficar mais claro, leia o verbete do verbo **saciar**.

a) Qual das definições nos ajuda a entender melhor o que é **saciedade** no texto lido?

____

b) Na definição 2, há um exemplo de uso do termo. Identifique o exemplo.

____

8 Os termos de entrada dos verbetes, aqueles que nós buscamos no dicionário, estão em destaque e com pontos no meio das palavras.

Jean Galvão/Arquivo da editora

a) Como os termos estão destacados nesse dicionário?

____

____

b) Qual é a função dos pontos?

____

____

9 O verbete da palavra **saciedade** apresenta outras abreviações. Associe-as aos significados delas:

	Substantivo feminino
Sf	Substância fervida
	Seleção fina
	Latido
Lat	Latim
	Latente

Fig

Figuras (veja as figuras)

Figurado (sentido figurado)

Figueira (associado a **figueira**)

O dicionário reúne palavras da língua portuguesa com seus possíveis significados. Ele é organizado em ordem alfabética. Cada palavra é chamada de **entrada** e contém abreviações que podem informar a língua de origem, a classe gramatical e o tema relacionado ao termo de entrada.

10 Em qual ordem o nome das frutas a seguir aparecem no dicionário? Descubra o nome de todas elas e, depois, escreva-os em ordem alfabética.

Photoongraphy/Shutterstock

Artem Kutsenko/Shutterstock

pukao/Shutterstock

kim7/Shutterstock

Sergii Kuchugurnyi/Shutterstock

vitals/Shutterstock

innakreativ/Shutterstock

Dionisvera/Shutterstock

sahaart/Shutterstock

Molevitckiy/Shutterstock

itaci/Shutterstock

11 Descubra a qual fruta da lista do exercício 10 se refere cada um dos verbetes de dicionário:

_____________ **s.m. 1** *bot* palmeira de até 25 m, que produz palmito e pequenos frutos roxo-escuros, em cachos, de polpa comestível; [...] **2** *bot* fruto dessa palmeira **3** o sumo desse fruto.

_____________ **s.m.** *bot* **1** fruto avermelhado do caquizeiro, de polpa gelatinosa e doce; **2** caquizeiro.

(*Pequeno dicionário Houaiss da língua portuguesa*. São Paulo: Moderna, 2015. p. 9 e 180.)

12 Volte ao texto "Você sabia que... Sono" e anote as palavras cujos significados você não saiba. Depois, busque no dicionário os verbetes dessas palavras e compartilhe com a turma.

DE OLHO NA LEITURA E NA ESCRITA: EMPREGO DE G E J

Leia as palavras da cesta de piquenique a seguir para responder às questões 1 e 2.

Ilustra Cartoon/Arquivo da editora

1 As letras **j** e **g** podem apresentar o mesmo som ou sons diferentes.

a) Quais são as palavras com **g** que apresentam o mesmo som das palavras com **j**?

____

b) Quais são as palavras com **g** que apresentam o som diferente das palavras escritas com **j**?

____

2 Releia as palavras com **g**.

a) Quais são as vogais que acompanham a letra **g** quando ela apresenta som igual ao **j**?

____

b) Quais são as vogais que acompanham a letra **g** quando ela apresenta som diferente de **j**?

____

3 Agora, leia as seguintes palavras:

gelo	girafa
guepardo	guitarra

PLANET EARTH/Shutterstock

O que acontece com o som da letra **g** antes de **e** e **i** quando adicionamos a letra **u** entre elas?

____

____

____

4 Complete com **G** ou **J**:

Jobz Fotografia/Shutterstock

___ILÓ

litchima/Shutterstock

___ABUTICABA

Okyela/Shutterstock

___ARRA

Nuttaya Maneekhot/Shutterstock

MON___E

WIPHARAT CHAINUPAPHA/ Shutterstock

VA___EM

Panimoni/Shutterstock

RELÓ___IO

5 Ouça o poema que o professor vai ler e preencha as lacunas com as palavras que faltam.

BÃO... BALALÃO!

O balão ____________________

da mão do ____________________.

Será que o balão

caiu no ____________________?

(Acho que os ____________________,
vivos como são,
tiram par ou ímpar

pra ____________________ balão).

(Maria da Graça Rios. *Chuva choveu*. Belo Horizonte: Miguilim, 1991. p. 18.)

BRINCANDO COM PALAVRAS

1 **Jogo do dicionário.**

Dividam-se em pequenos grupos.

Um aluno será o jogador comandante. Ele vai escolher um verbete de dicionário e ler apenas as definições para os participantes.

Os participantes escrevem em um papel a palavra que acham que o comandante procurou no dicionário. Por fim, todos mostram a palavra que escreveram. Pontua quem tiver acertado.

Jean Galvão/Arquivo da editora

A cada rodada, muda o jogador comandante, até todos terem participado como comandante uma vez. Ganha quem tiver mais pontos.

2 Responda, se puder:

a) O que é que, quanto maior, menos medo se tem?

____

b) O que nos leva a qualquer lugar sem sairmos do lugar?

____

c) Por que a girafa tem um pescoço tão comprido?

____

____

d) O que é que anda, anda, mas não sai do lugar?

____

e) O que é que não se quebra com um martelo, mas se quebra com um ovo?

____

f) Um homem leva 50 bois à feira para vender. No caminho, vende 15. Quantos ficaram?

____

____

____

DE OLHO NA ORALIDADE: COMPARTILHANDO HÁBITOS SAUDÁVEIS

Quais atividades do seu cotidiano fazem bem para você? Comer alimentos naturais, cozinhar, dormir bem, fazer atividades físicas, brincar ao ar livre, rir, meditar, ter contato com a natureza, ler um livro no silêncio, escutar música, dançar. São muitas as possibilidades e elas mudam de pessoa para pessoa.

Compartilhe com a turma hábitos de seu dia a dia que você acha que fazem bem. Lembre-se de detalhar:

- Com que frequência você tem esse hábito?
- Onde você costuma realizá-lo?
- O que você sente quando pratica essa atividade?
- Por que você considera esse hábito saudável?

Giz de Cera/Arquivo da editora

Depois, com a ajuda do professor, você e os colegas devem fazer uma lista com todos os hábitos citados e colar na parede da sala de aula. Vocês vão utilizá-la na produção de texto deste capítulo.

PRODUÇÃO DE TEXTO

GRÁFICOS E TABELAS

As pesquisas podem ser divulgadas de diferentes maneiras. Você já leu, neste capítulo, um infográfico sobre a pirâmide alimentar.

Agora, leia o título e o subtítulo do texto e, depois, o gráfico.

Quantas horas seu filho precisa dormir por dia?

National Sleep Foundation e Academia Americana de Medicina do Sono atualizam recomendação. Orientações também valem para o Brasil

Tabela das horas recomendadas de sono, de acordo com a National Sleep Foundation

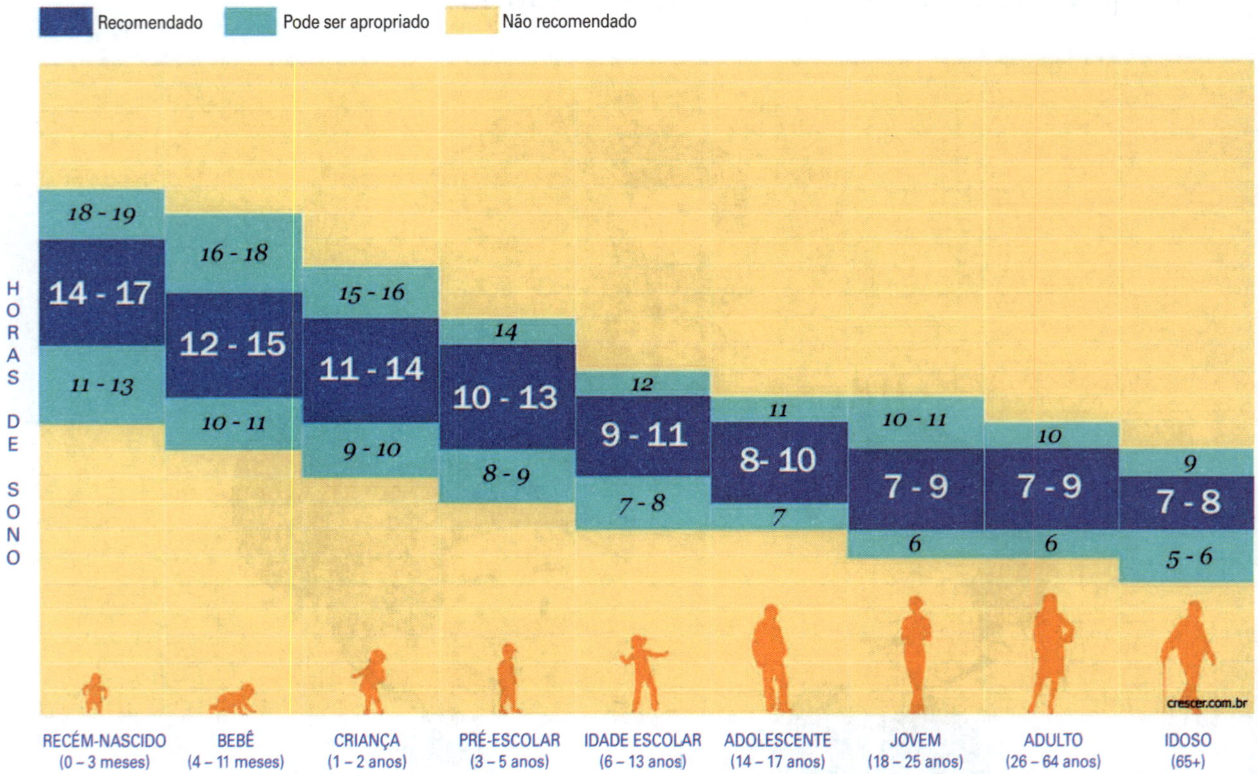

(Disponível em: https://revistacrescer.globo.com/bebes/sono/noticia/2015/02/quantas-horas-seu-filho-precisa-dormir.html. Acesso em: 21/1/2021.)

1 Analise a parte de baixo do gráfico, na horizontal.

a) Qual informação é dada por meio da escrita?

b) Quais figuras aparecem nessa parte do gráfico?

____

____

2 Observe as colunas, na vertical, e a legenda na parte superior do gráfico.

a) O que os números com fundo azul-escuro informam?

____

b) O que os números com fundo verde-água informam?

____

c) O que a cor amarela informa?

____

3 Com a sua idade, de acordo com o gráfico, se você dormir:

a) 6 horas por noite, está adequado? __________

b) 10 horas por noite, está adequado? __________

c) 15 horas, está adequado? __________

d) Você dorme aproximadamente quantas horas por noite? Essa quantidade está adequada de acordo com o gráfico?

____

____

AGORA É A SUA VEZ

Ao final desta unidade, você e os colegas vão produzir um jornal televisivo. Que tal criar tabelas e gráficos para noticiar os hábitos de saúde da turma?

Proposta 1 – Hábitos saudáveis da turma

Retomem a lista de hábitos saudáveis da turma. Primeiro, registrem os hábitos e o número de alunos que os praticam em uma tabela para, depois, criar um infográfico. Sigam este exemplo:

Hábitos	Número de alunos
Cozinhar as refeições e os lanches	5
Praticar exercício físico	8
Comer frutas todo dia	12
Comer salada todo dia	9
Ler um livro	11
Brincar	11
Escutar música	10
Dançar	6

Proposta 2 – Hábitos de sono

Vocês compartilharam, no início do capítulo, o quanto dormem e como são as rotinas de vocês antes de dormir. Que tal registrar esses dados em tabelas e gráficos?

Levantem os dados a seguir e registrem nas tabelas.

Quantas horas os alunos da turma dormem por noite?	
Horas de sono	**Número de alunos**
Menos de 5 horas	
De 5 a 7 horas	
De 8 a 10 horas	
De 10 a 12 horas	
Mais de 12 horas	

O que os alunos da turma fazem antes de dormir?	
Hábitos	**Número de alunos**
Leem livros	
Assistem à TV	
Jogam jogos de tabuleiro ou coletivos	
Jogam jogos eletrônicos em celular, *tablet*, computador ou *videogame*	
Escutam música	
Conversam com familiares	
(Outros)	

Proposta 3 – Hábitos alimentares da turma

Registrem os alimentos mais consumidos pela turma em uma tabela. Veja um exemplo:

Alimento	Número de alunos
Arroz e feijão	
Carnes	
Leite e derivados (queijo, iogurte)	
Pão	
Pizza	
Bolachas, chocolates, doces	
Bolos caseiros	
Salgadinhos	
Frutas	
Verduras e legumes	

Para a produção dos gráficos, sigam estas orientações.

PLANEJAMENTO DO TEXTO

- Retomem as tabelas produzidas e confiram os dados.
- Dividam-se em grupos: cada grupo vai produzir o gráfico referente a uma das tabelas.
- Separem cartolinas ou outros papéis em tamanho grande, canetinhas de cores diferentes e régua.
- Para as tabelas sugeridas, o formato ideal de gráfico é o de barras, como este:

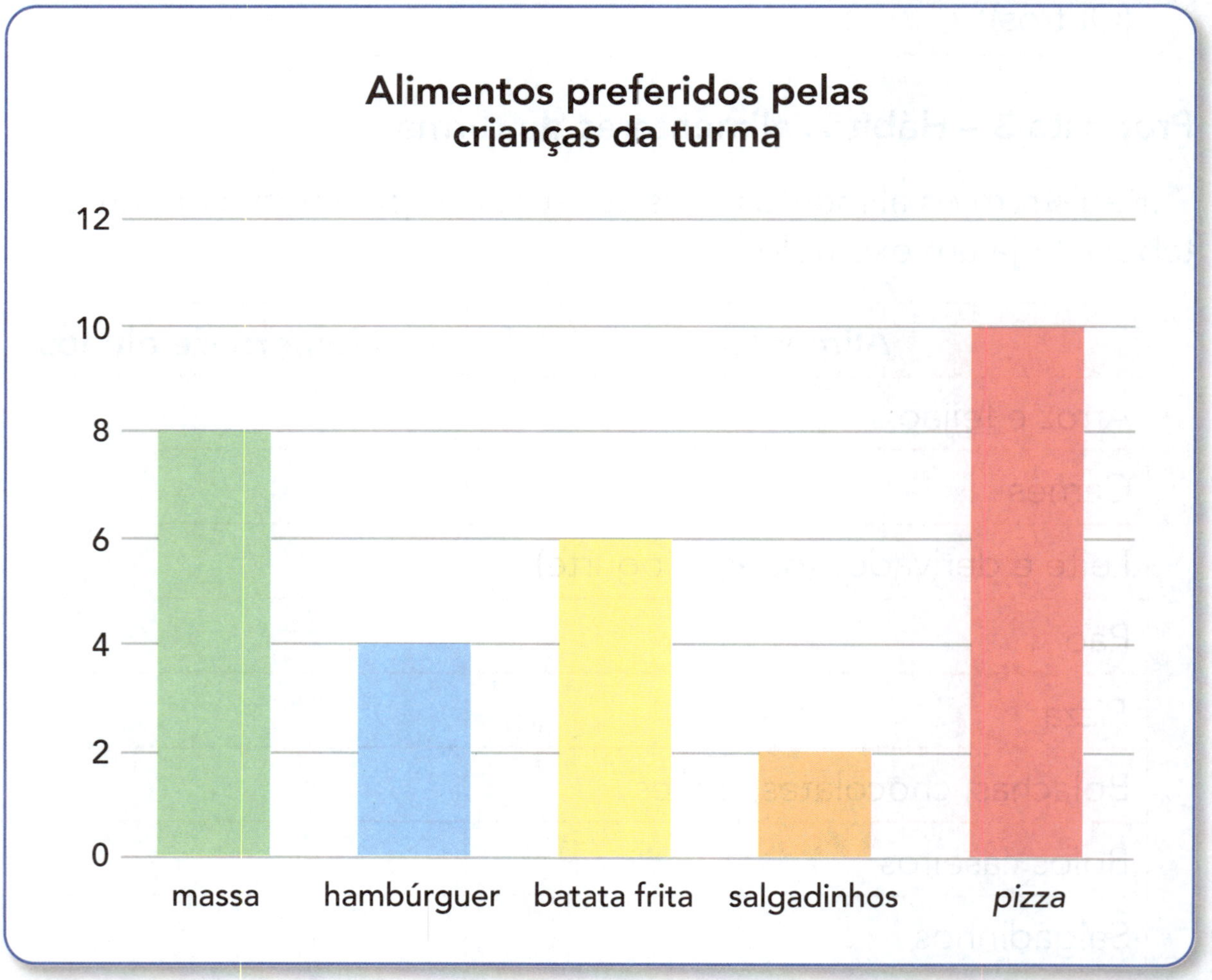

Notem que o número de alunos está na vertical e os alimentos, na horizontal.

- Escolham imagens e cores para compor o gráfico (retomem a pirâmide alimentar e o infográfico sobre horas de sono recomendadas para ter ideias).
- Se necessário, produzam uma legenda, identificando cores ou desenhos.
- Usem régua para traçar as linhas do gráfico e as quantidades.
- Caso tenham interesse, tentem fazer versões digitais dos gráficos com a ajuda do professor de Informática ou Robótica.

REVISÃO E REESCRITA

Antes de passarem a limpo os gráficos, confiram:

- Os dados registrados estão corretos, de acordo com a tabela?
- As cores e imagens identificam de maneira clara o tipo de dado?
- As colunas estão alinhadas às quantidades corretas?
- Há legenda, quando necessário?
- Há um título?

DIVIRTA-SE

© Armandinho, de Alexandre Beck/Acervo do cartunista

CAPÍTULO 3

É PRA SE MEXER!

LEITURA

Você já deve saber que, para ter saúde, é preciso se mexer, se exercitar. Leia o texto e saiba mais sobre os benefícios dos exercícios físicos para as crianças.

Corpo em movimento

08/03/2018

Corra, salte, brinque, nade, pedale, dance: o importante é se exercitar!

Se você costuma passar horas e horas na frente da TV ou do computador, esta dica é para você: movimente-se! O sedentarismo na infância é um assunto bastante preocupante. Quem não pratica nenhuma atividade física quando pequeno dificilmente irá praticar durante a fase adulta e, por isso, pode ter tendência a adquirir doenças graves mais tarde (ou ainda mesmo na infância!), como pressão alta, diabetes e obesidade.

Robert Kneschke/Shutterstock

Quando os exercícios estão presentes na vida das crianças desde pequenas, são vários os benefícios obtidos: há melhora no rendimento respiratório, na capacidade de desenvolvimento muscular e ósseo, na coordenação motora, na motivação da autoestima, no poder de realização e na socialização dos pequeninos. Quando uma criança joga com seus colegas, por exemplo, ela aprende as regras e, mais tarde, acaba usando-as no convívio social, aprendendo a respeitar as outras pessoas.

Fernando Favoretto/Criar Imagem

Esporte é lazer

As crianças passam por várias fases de desenvolvimento: sentar, engatinhar, ficar de pé, andar, falar, correr... os movimentos vão se aperfeiçoando lentamente, a cada estímulo que elas recebem. Por isso, é importante aceitar e respeitar a criança em suas fases e limitações, sem pressa ou rigidez.

As brincadeiras também fazem parte de um período importante para o crescimento infantil. Brincar de pique-pega, pique-esconde, mãe da rua, queimada, bem como andar de bicicleta, pular corda e subir em árvores são os exercícios físicos mais naturais que existem. Enquanto você está distraído correndo e pulando, o corpo está trabalhando e se livrando de problemas como estresse, diabetes, obesidade, colesterol alto e uma série de outras doenças que podem ser evitadas com poucas horas de exercícios por semana. O importante é se exercitar!

De acordo com a Organização Mundial da Saúde (OMS), para as crianças de seis a treze anos, são recomendados, no mínimo, 60 minutos de atividades físicas durante cinco dias da semana. O que vale é mexer o corpo; então, tanto faz se o exercício for brincar de correr com os coleguinhas ou jogar basquete no time da escola.

[...]

Exercícios adequados para cada idade

[...]

De 3 a 7 anos:

Essa fase é perfeita para estimular o convívio com outras crianças e ganhar autoconfiança. Nela, aprende-se brincando, testando. Dançar, brincar com bolas e brincar de pique-esconde são ótimas atividades, pois proporcionam vários tipos de estímulos.

De 7 a 10 anos:

Fase ideal para iniciar a prática de esportes. Também é um bom período para estimular a prática de jogos que envolvam, além do físico, estratégia e raciocínio. As aulas de circo são interessantes, pois unem ginástica olímpica e coordenação motora.

De 10 a 13 anos:

É uma boa época para incentivar, moderadamente, a competitividade. Aí, são muito adequados os esportes mais elaborados, com regras a serem cumpridas, respeito ao adversário e trabalho em equipe. A prática de esportes coletivos é recomendada, sem deixar de levar em conta qual a atividade preferida da criança.

(Com informações da *Revista Época*, *Folha de S.Paulo* e *Cuide-se Bem*.)

(Disponível em: https://plenarinho.leg.br/index.php/2018/03/corpo-em-movimento/. Acesso em: 21/1/2021.)

OS SENTIDOS DO TEXTO

1 O título do texto é "Corpo em movimento". Quais são os movimentos sugeridos logo no início, no subtítulo?

___

___

___

2 Quais são as consequências, apontadas no primeiro parágrafo, de não se exercitar na infância?

____

____

____

____

Cassiohabib/Shutterstock

3 Ficar parado, sem fazer nenhuma atividade física, tem um nome, que foi usado no texto. Qual é ele? Assinale com um X:

- ◯ diabetes
- ◯ sedentarismo
- ◯ desenvolvimento muscular

4 Quais são os benefícios da atividade física na infância apontados pelo texto? Assinale:

- ◯ Melhora a respiração.
- ◯ Melhora a pele.
- ◯ Melhora o desenvolvimento de músculos e ossos.
- ◯ Melhora a qualidade do sono.
- ◯ Melhora o convívio com outras pessoas.

5 A segunda parte do texto é intitulada "Esporte é lazer".

a) Você sabe o que é lazer? Comente com os colegas e responda oralmente. Se necessário, consulte um dicionário.

b) Qual é o exercício físico natural da criança?

____

c) Quais são os exemplos citados no texto?

____

____

____

6 Releia o seguinte trecho do texto:

> "De acordo com a Organização Mundial da Saúde (OMS), para as crianças de seis a treze anos, são recomendados, no mínimo, 60 minutos de atividades físicas durante cinco dias da semana."

a) Você já tinha ouvido falar na Organização Mundial da Saúde? Responda oralmente.

b) Pelo nome, a OMS parece ser uma autoridade relacionada ao assunto do texto?

____

____

c) Quanto tempo, na sua idade, você deve se exercitar por dia?

____

____

d) Você se movimenta pelo tempo recomendado?

____

7 Ao final do texto, há atividades recomendadas por faixa etária.

a) Associe as atividades às faixas etárias abaixo.

de 3 a 7 anos	Iniciar a prática de esportes, estimular a prática de jogos que envolvam, além do físico, estratégia e raciocínio.
de 7 a 10 anos	Esportes mais elaborados, com regras a serem cumpridas, respeito ao adversário e trabalho em equipe.
de 10 a 13 anos	Estimular o convívio com outras crianças e ganhar autoconfiança. Dançar, brincar com bolas e brincar de pique-esconde são ótimas atividades.

b) Das atividades listadas, quais você pratica? Faça a sua lista:

____

____

____

____

DE OLHO NA ORALIDADE: NOTÍCIA ORAL OU AUDIOVISUAL

Vamos saber mais sobre atividade física para crianças e adolescentes? Assista à notícia de telejornal.

Pixel-Shot/Shutterstock

1 Duas jornalistas aparecem na notícia: uma apresentadora, em um estúdio, e outra repórter, que aparece em ambiente externo, com microfone. Quem inicia a notícia?

____

____

2 Qual é o principal fato noticiado? Assinale:

◯ Apenas 15% dos adolescentes brasileiros se alimentam de maneira equilibrada.

◯ Apenas 15% dos adolescentes brasileiros praticam atividades físicas regularmente.

◯ Os adolescentes brasileiros não praticam exercícios físicos.

3 A jornalista se baseia em informações fornecidas por quem? Assinale:

( ) Ministério da Saúde (MS)

( ) Organização Mundial da Saúde (OMS)

( ) Organização dos Jogos da Juventude (OJJ)

4 A notícia mostra pai e filho realizando uma atividade em conjunto.

a) O que eles estão fazendo?

____

b) Podemos ouvir a voz de alguém falando enquanto vemos a cena de pai e filho. Essa voz é de um deles? O que ela nos conta?

____

____

____

____

5 Lucas é entrevistado. O que ele diz?

____

____

6 Reveja a notícia e observe:

- a expressão facial das duas jornalistas;
- o tom e o ritmo da voz das jornalistas;
- os gestos das jornalistas.

Sobre essas características, podemos afirmar que:

◯ as jornalistas têm expressão facial descontraída, relaxada.

◯ as jornalistas têm expressão facial séria.

◯ as jornalistas falam de maneira pausada, clara e em volume suficiente para ouvirmos tudo.

◯ as jornalistas falam bem rapidamente, de maneira espontânea, às vezes mais alto, às vezes mais baixo.

◯ as jornalistas gesticulam pouco.

◯ as jornalistas gesticulam bastante.

7. Após a fala de Lucas, a jornalista Selma Dias aparece no vídeo. O que ela informa sobre 84% dos adolescentes brasileiros de 11 a 17 anos?

____

____

____

8. As falas das duas jornalistas parecem ser espontâneas, realizadas de improviso, como em uma conversa, ou foram planejadas, baseadas em um texto escrito?

____

____

____

Observe a imagem retirada do vídeo da notícia:

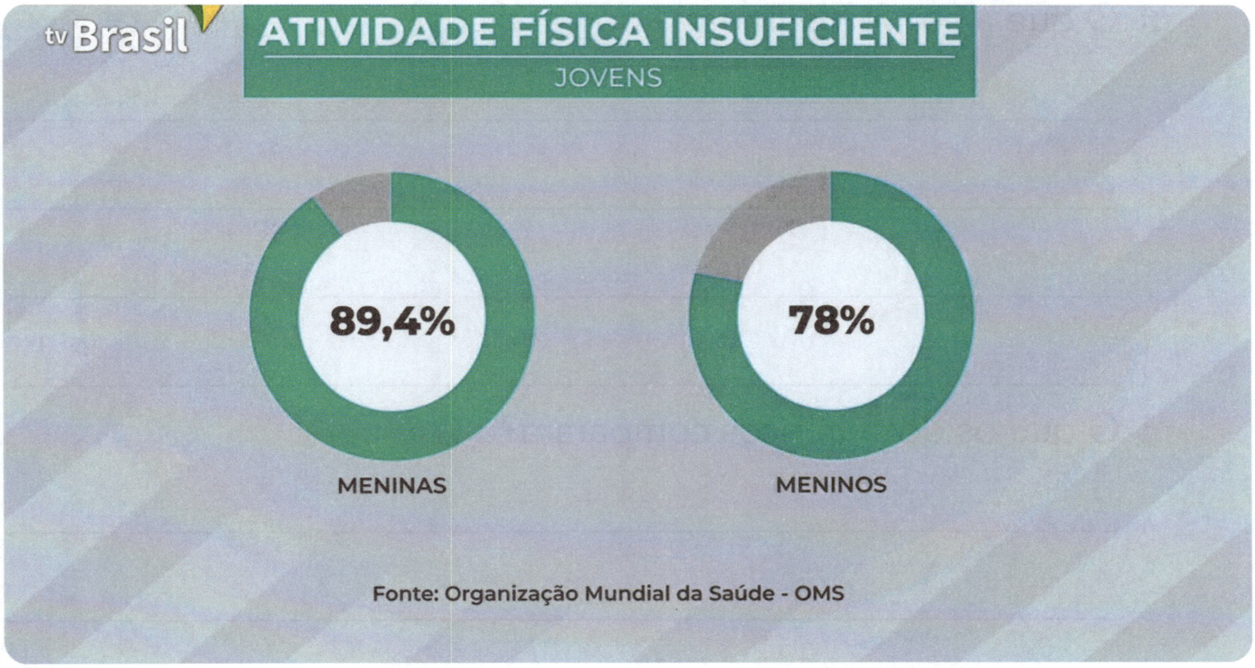

9 A imagem mostra dois gráficos.

a) Qual título é dado para a apresentação dos dois juntos?

____

b) A palavra **insuficiente** é formada pela palavra **suficiente** com o acréscimo da partícula **in-** no começo. Leia estas palavras:

feliz – infeliz
dispensável – indispensável
disposto – indisposto

Agora, conclua: Se **suficiente** significa "o que basta, satisfaz; em quantidade necessária", o que significa **insuficiente** no título dos gráficos?

____

____

____

10 Ainda sobre os gráficos, responda:

a) O que a cor verde informa nos gráficos?

____

____

____

____

b) O que os dois gráficos comparam?

____

____

____

____

c) No Brasil, temos mais meninas ou meninos adolescentes sedentários?

____

d) Qual é a fonte dessas informações? Essa fonte já havia aparecido nessa mesma notícia e no texto anterior que você estudou?

____

____

____

11 Além do sedentarismo, a notícia aborda outro motivo que causa doenças nas crianças e nos jovens brasileiros.

a) Qual é esse outro motivo?

____

b) Que imagem aparece no vídeo quando a jornalista fala sobre esse outro motivo?

____

____

12 A notícia informa que, de acordo com o Ministério da Saúde, 45 milhões de crianças brasileiras têm "dificuldades com a balança". A notícia relaciona essa dificuldade com um hábito comum.

a) Que hábito é esse?

____

____

____

FLAVIO LEAO/Shutterstock

b) Quem explica a quantidade de horas recomendada por faixa etária para o uso de telas?

____

____

13 Ao final da notícia, o pai de Lucas é entrevistado.

a) Onde ele aparece falando ao microfone?

____

____

b) Quanto tempo Lucas fica em frente a telas?

____

A FORMAÇÃO DE PALAVRAS: PREFIXOS E SUFIXOS

Releia estas palavras usadas no texto que você leu no início do capítulo:

coleguinhas　　pequeninos　　dificilmente

1. Qual é o sentido da palavra **coleguinhas**? Assinale:

   ◯ colegas crianças

   ◯ colegas de estatura baixa

   ◯ colegas menores que você

2. Sabendo que **coleguinhas** vem de **colegas**, preencha a fórmula abaixo e saiba como essa palavra foi formada.

   COLEGA – A + ________ = ________

3. Você viu que **coleguinha** tem o sentido de "colega criança", e não de "colega pequeno, de estatura baixa". E se o sentido pretendido fosse "muito colega" ou "colega verdadeiro", qual partícula você acrescentaria a **colega**? Escreva a palavra:

   ____

4 Compare as palavras:

pequeno pequenino

Qual é o sentido de **pequenino**?

____

5 As partículas **-inho/-zinho** e **-ão/-zão** podem dar ideia de tamanho maior ou menor ou podem ter outros sentidos. Assinale, em cada exemplo, o sentido correto:

"João é meu amigão, sempre brincamos juntos."

- ◯ João é muito alto.
- ◯ João é muito amigo.

"O João é o maior da turma, nosso amigão."

- ◯ João é alto.
- ◯ João é muito amigo.

"Minha filha está toda arrumadinha para a festa."

- ◯ A filha é pequena.
- ◯ A mãe se refere de maneira carinhosa à filha.

"Vamos dar uma festinha íntima de aniversário para minha filha."

- ◯ A festa é pequena, modesta.
- ◯ A festa é vista de maneira carinhosa.

6 Conclua: Quais podem ser os sentidos das partículas **-inho/-inha**, **-ino/-ina** e **-zinho/zinha**?

____

____

____

7 Conclua: Quais podem ser os sentidos das partículas **-ão** e **-zão**?

____

____

8 Agora, compare estas palavras:

difícil   dificilmente

a) Qual partícula foi adicionada à palavra **difícil** para formar a nova palavra?

____

b) A partícula **-mente** faz com que a palavra **dificilmente** tenha o sentido de:

◯ algo duradouro, que permanece.

◯ algo que ocorre com pouca frequência; algo com pouca chance de acontecer.

9 A partícula **-eiro(a)** também ajudou a formar muitas palavras da língua portuguesa. Ela pode apresentar o sentido de profissão, nome de planta, recipiente, entre outros. Veja:

abacat~~e~~ + -eiro = abacateiro

Descubra algumas delas, acrescentando a partícula **-eira** ou **-eiro** às palavras a seguir.

a) verdura ____________________

b) laranja ____________________

c) barco ____________________

d) banho ____________________

e) borracha ____________________

f) Brasil ____________________

Leia estes quadrinhos de Ziraldo:

(*Curta o Menino Maluquinho — ... Em histórias rapidinhas!* São Paulo: Globo, 2006. p. 13.)

10 O pai do Menino Maluquinho vai ao campo de futebol com o filho.

a) Por que os amigos do pai do garoto reclamam?

____

b) Por que o torcedor afirma que o Menino Maluquinho, "sozinho, deixa qualquer torcida em desvantagem"?

____

____

11 Na história, existem várias palavras que se formaram com o acréscimo de partículas que foram postas antes ou depois de outra palavra. Troque ideias com os colegas e tente descobrir a partir de que palavras se formaram:

a) torcedor ____________

b) torcida ____________

c) Maluquinho ____________

d) Carlinhos ____________

e) sozinho ____________

f) desvantagem ____________

Quando uma partícula é acrescentada **depois** de uma palavra, ela é chamada de **sufixo**; quando é acrescentada **antes** de uma palavra, é chamada de **prefixo**.

12 Qual é a única palavra do exercício anterior que foi formada com um prefixo?

____

© Ziraldo Alves Pinto/Acervo do cartunista

13 Forme palavras com o mesmo sufixo que há em **torcedor**:

a) abrir ____________

b) vender ____________

c) amolar ____________

d) elevar ____________

e) aquecer ____________

14 Forme palavras empregando o mesmo sufixo que há em **torcida**:

a) correr ___________________ c) morder ___________________

b) despedir ___________________ d) fugir ___________________

15 Forme palavras empregando o mesmo prefixo que há em **desvantagem**:

a) embaraçar ___________________ c) inflamar ___________________

b) obediência ___________________ d) humano ___________________

16 Na questão anterior, as palavras dadas como resposta foram todas escritas com a letra **s** ou com a letra **z**? Por que aconteceu isso?

____

____

____

17 A palavra **francamente** foi formada com o sufixo **-mente**. Veja:

franco (sincero) + -mente (de modo) = francamente

O que o amigo do pai do Menino Maluquinho quis dizer ao empregar a palavra **francamente** em: "Francamente, Carlinhos! Você tá furando com a nossa torcida!"?

____

18 Forme palavras empregando o sufixo **-mente**:

a) simples ___________________ b) infeliz ___________________

DE OLHO NA LEITURA E NA ESCRITA: EMPREGO DE C E Ç

Bateu um vento e levou algumas palavras do poema...

Dúvida

A palavra DÚVIDA,
quando dispara ____________,
interrogações e ____________,
vira pura ____________.
____________ osso na garganta
da pobre vítima.

Biry Sarkis/Arquivo da editora

(Elias José. *Pequeno dicionário humorístico-poético ilustrado*. São Paulo: Paulinas, 2006. p. 28.)

1. De acordo com o sentido, encaixe no lugar estas palavras:

parece   encucação   reticências   exclamações

2. O que significa a palavra **encucação**? Se necessário, procure no dicionário.

____

3. Qual é o sinal de pontuação mais usado para expressar dúvida?

____

4. De acordo com o poema, como uma pessoa se sente quando tem uma dúvida?

____

5 Compare estas palavras:

PARECE RETICÊNCIAS ENCUCAÇÃO EXCLAMAÇÕES

a) Faça um círculo em torno da letra **C** e em torno da letra **Ç**.

b) Quais são as duas palavras em que foi empregada a letra **Ç**?

___

c) Nessas duas palavras, quais vogais vêm depois da letra **Ç**?

___

d) Faça um teste: leia as palavras que têm **Ç** retirando a cedilha da letra. Como ficam as palavras?

___

6 Quando a letra **c** apresenta o som do **c** de **cebola**, ela pode ter duas grafias: **c** ou **ç**. Leia estas palavras:

crianças	comercial	comemoração
sucedida	março	coincide
açúcar	Aparecida	promoção

a) Escreva essas palavras no quadro a seguir, separando-as em dois grupos. De um lado, escreva as palavras com **c**. Do outro, as palavras com **ç**, isto é, com **c** e cedilha (o sinal embaixo da letra **c**).

c	ç

b) Na coluna da esquerda, circule as vogais que vêm depois da letra **c** com o som do **c** de **cebola**. Depois, conclua: Antes de quais vogais a letra **c** tem o som do **c** de **cebola**?

____

____

c) Antes de quais vogais empregamos **ç**?

____

____

7 Escreva o nome dos esportes. Todos apresentam **c** ou **ç**.

Microgen/Shutterstock

Joa Souza/Shutterstock

Iakov Filimonov/Shutterstock

Monkey Business Images/Shutterstock

BRINCANDO COM PALAVRAS

1 Jogo **Criando palavras**.

Giz de Cera/Arquivo da editora

- Dividam-se em pequenos grupos.
- Leiam atentamente a tabela de prefixos e sufixos abaixo.
- O professor vai escrever uma palavra no quadro.
- O grupo deve tentar formar uma nova palavra, juntando a palavra dada pelo professor com uma das partículas da tabela.
- Anotem a palavra criada.
- O professor vai escrever uma nova palavra. Ao final, compartilhem com a turma as palavras formadas.

prefixos	sufixos
-in	-eiro -eira
-des	-oso -osa
	-inho -zinho
	-ão -zão

2 O que é, o que é? Resolva as adivinhas:

a) Mantém sempre o mesmo tamanho, não importa o peso.

____

b) Em um instante se quebra quando se diz o nome dele.

____

c) Corre em volta do pasto inteiro sem se mexer.

____

3 Junte-se a um colega e tentem descobrir quais são as palavras. Todas têm **c** ou **ç**. Leve em conta o número de letras.

a) Ave de bico e pernas compridos, penas brancas e asas escuras (7 letras):

____

Ilustrações: Ilustra Cartoon/Arquivo da editora

b) A primeira refeição substancial depois do café da manhã, feita geralmente por volta do meio-dia (6 letras):

____

c) Aparelho utilizado para fazer ligações, acessar a internet e mandar mensagens (7 letras):

____

d) Camada dura que envolve a semente de certos frutos, como ameixa, azeitona, manga, etc. (6 letras):

____

e) Praticante de ciclismo (8 letras):

____

PRODUÇÃO DE TEXTO

A NOTÍCIA AUDIOVISUAL

Ao final desta unidade, você e os colegas vão produzir e organizar um telejornal da turma para divulgar as descobertas sobre saúde que vocês fizeram ao longo da unidade. Para isso, gravem notícias ou preparem notícias orais para encenar no dia combinado.

AGORA É A SUA VEZ

A notícia oral ou em vídeo, como você estudou, é composta da fala planejada do jornalista, baseada em um texto escrito. Também contém cenas relacionadas ao assunto da notícia, trechos breves de entrevistas com pessoas envolvidas no fato noticiado e pode apresentar gráficos.

Giz de Cera/
Arquivo da editora

Escolham um dos fatos a seguir para noticiar.

1. O experimento com alimentos que a turma realizou e registrou no capítulo 1.
2. Os hábitos de sono e alimentação da turma.
3. Um fato relacionado à saúde, como exercícios físicos.

Reúnam os materiais já produzidos que poderão ser utilizados nas notícias: o relato de experiência escrito, com o rótulo do alimento industrializado e a receita do alimento caseiro; o relato de experiência em vídeo para usar cenas que possam compor a notícia; o desenho de sua rotina alimentar; as tabelas e os gráficos sobre os hábitos alimentares e de sono da turma.

Preparem um roteiro de gravação ou encenação do jornal televisivo (leia o boxe **Roteiro de gravação**).

ROTEIRO DE GRAVAÇÃO

Imaginem como vocês querem ver a notícia quando ela estiver concluída. Então, registrem no roteiro tudo o que vai aparecer nela, na ordem pretendida. Não se esqueçam de registrar:

- título, ou chamada da notícia, a ser lido pelos apresentadores do jornal; por exemplo: "Alunos do 3º ano B mostram em experimento as diferenças entre alimentos caseiros e industrializados"; texto a ser lido pelo repórter;
- nome das pessoas a serem entrevistadas, se houver;
- locais ou atividades a serem gravados que podem complementar a fala do repórter.

PLANEJAMENTO DO TEXTO

- Considerem que o público é formado por crianças como vocês, professores e funcionários da escola.
- Procurem apresentar logo no início, de forma resumida, as informações principais: O que aconteceu? Com quem? Onde e quando aconteceu? Como e por que aconteceu?
- Criem mais um ou dois parágrafos para serem lidos pelo repórter, desenvolvendo as informações do primeiro.
- Usem uma linguagem clara e caprichada, como a que é empregada nos jornais de TV.
- Decidam, no grupo, quem será o repórter, quem será o entrevistado, quem será responsável pela gravação (pode ser com câmera do celular), quem será o diretor da gravação orientando os demais.
- Procurem um local claro e com pouco ruído para fazer a gravação.
- Chequem se os arquivos de vídeo estão sendo salvos. Enviem por *e-mail*, por aplicativo de mensagem ou em programas que salvam arquivos por meio da internet.

Nesse momento, não é preciso gravar a parte dos apresentadores do telejornal. Isso será feito na **Oficina de criação**, ao final desta unidade.

Pixel-Shot/Shutterstock

REVISÃO E REESCRITA

Façam a revisão da notícia, observando:

- O título ou a chamada dá ideia do assunto principal da notícia?
- As informações principais sobre o fato estão logo no início da notícia?

- Ao longo da notícia, são dadas informações complementares?
- A notícia é curta, com linguagem clara e caprichada?
- O repórter fala com clareza e boa dicção (pronúncia)?
- A parte técnica — som, imagens, iluminação — está bem-realizada?

Concluída a revisão, salvem os arquivos e guardem para fazer a edição na **Oficina de criação**.

DIVIRTA-SE

Você conhece os esportes olímpicos abaixo? Tente descobrir e, depois, veja a resposta virando o livro de ponta-cabeça.

Alamy/Fotoarena

Fotokostic/Shutterstock

Salty View/Shutterstock

Remo, esgrima e ginástica olímpica.

OFICINA DE CRIAÇÃO

PROJETO:

JORNAL TELEVISIVO: DIVULGANDO DESCOBERTAS

Nesta unidade, você e os colegas leram e produziram textos de divulgação científica sobre saúde. Ao longo dos capítulos, vocês conversaram e fizeram pesquisas sobre alimentação saudável, sono e atividades físicas. Produziram relatos de experiências científicas, tabelas e gráficos e notícias audiovisuais sobre a saúde das crianças da turma.

Agora, vamos reunir todas essas produções em um jornal televisivo.

1. Escolhendo os apresentadores

Escolham um ou dois integrantes do grupo para serem os apresentadores ou âncoras. De preferência, escolham colegas que ainda não participaram como repórteres de nenhuma atividade em frente às câmeras.

upslim/Shutterstock

2. Escolhendo um nome para o jornal

Levantem ideias de nome para o jornal da turma. Se necessário, realizem uma votação. Alunos que gostam de desenhar podem criar um logotipo para o jornal.

3. Selecionando mais notícias

Além das notícias produzidas por vocês, reúnam notícias publicadas em jornais e revistas impressos sobre acontecimentos na comunidade relacionados à saúde. Os apresentadores poderão ler essas notícias e complementar o jornal televisivo da turma.

4. Reunindo notícias já gravadas

Reúnam todas as notícias gravadas no capítulo 3. Pensem na ordem mais interessante para elas serem transmitidas no jornal com as notícias selecionadas de jornais e revistas. Preparem um roteiro com as chamadas de todas as notícias para orientar os apresentadores.

Monkey Business Images/Shutterstock

5. Gravação dos apresentadores

Seguindo o roteiro, gravem os apresentadores do jornal. Eles devem:

- cumprimentar o público, se apresentar e mencionar o nome do jornal;
- falar as chamadas das notícias;
- se revezar ao ler as notícias;
- ler as notícias extras, de jornais e revistas impressos, selecionadas pela turma;
- fazer a despedida e encerrar o jornal.

Leiam várias vezes as notícias, até se familiarizarem com elas. Treinem a leitura, evitando ficar com os olhos direcionados para o papel durante todo o tempo, e procurem falar com naturalidade.

Realizem alguns ensaios antes da gravação. A cada notícia, é possível interromper a gravação. Na edição final, os vídeos gravados serão integrados compondo um só vídeo.

Pixel-Shot/hutterstock

6. Edição dos vídeos produzidos

Reúnam todos os arquivos de vídeo para a edição final. O professor de Informática ou Robótica da escola pode auxiliar a turma. Retomem os roteiros para se certificarem da ordem das notícias.

7. Exibição do jornal para a comunidade escolar

No dia combinado, preparem a sala de aula ou o auditório para a apresentação do jornal. Convidem as demais turmas da escola, os professores, os funcionários e as famílias. Reproduzam o jornal para todos.

a katz/Shutterstock

UNIDADE 3

BICHOS: PRAZER EM CONHECÊ-LOS!

Você gosta de animais? Convive com algum em seu dia a dia? Nesta unidade, vamos conhecer animais fantásticos de um mundo imaginário, personagens de filmes e histórias que vivem grandes aventuras, mas também vamos refletir sobre os animais de verdade que habitam nossa sociedade.

LightField Studios/Shutterstock

Romrodphoto/Shutterstock

JuneChalida/Shutterstock

LightField Studios/Shutterstock

Você late, mia ou fala?
Anda em dois ou quatro pés?
Aqui, na terra dos bichos,
Cada um é do jeito que quer.

Tem bicho que não se importa,
Tem bicho que faz escondido,
Mas todos têm passatempo,
Têm um capricho divertido.

[...]

Você late, mia ou fala?
Anda em dois ou quatro pés?
Desenhe o que você faz
E que bicho maluco você é!

Pense no bicho, pense em você.
O que ele faz de especial?
Só não se esqueça: bicho ou gente,
Nenhum dos dois, de perto, é normal.

(Tatiana Paiva e Fabiano Onça. *Os bichos e seus caprichos*. São Paulo: Melhoramentos, 2014. *E-book*.)

Roberto Weigand/Arquivo da editora

DIVIRTA-SE... E FIQUE POR DENTRO!

FILMES E VÍDEOS

Reprodução/Sony Pictures Animation/ Animal Logic/Columbia Pictures

- *Pedro Coelho*, de Will Gluck.

  Divirta-se com as confusões e trapalhadas do personagem principal, Pedro, que enfrenta, com a ajuda de amigos e familiares, um vizinho mal-humorado que tenta dominar as hortas e os pomares da região da fazenda onde vivem.
- Assista também a: *Rio 2*, de Carlos Saldanha; *Madagascar 3 — Os procurados*, de Eric Darnell, Tom McGrath e Conrad Vernon; *A menina e o porquinho*, de Gary Winick; *Babe — O porquinho atrapalhado na cidade* e *Happy Feet — O pinguim*, ambos de George Miller. E, ainda, ao curta *2010 — Ano Internacional da Biodiversidade*, de Ricardo Amaral Andrioli, e à animação *O ornitorrinco*, de Marcos Faria, Danilo Packer e Fernando Snake, criada a partir da canção de Zeca Baleiro, ambos disponíveis no YouTube.

MÚSICAS

- Ouça os CDs *Zoró (bichos esquisitos) 1*, de Zeca Baleiro; *A arca de Noé 1* e *2* com canções de Vinicius de Morais; *Os saltimbancos*, com canções traduzidas e adaptadas por Chico Buarque.
- Você também pode ouvir algumas músicas sobre animais, entre elas: "Bichinho", do grupo Palavra Cantada; "Diana", de Toninho Horta e Fernando Brant; "A pulga e a Daninha", do grupo Rumo; "Lobo-guará", do CD *Para dar flor*, de Fernanda Sander.

LIVROS

Reprodução/Editora Quatro Cantos

Vá à biblioteca da escola ou à biblioteca do bairro ou da cidade onde você mora e veja se os livros indicados a seguir estão disponíveis para empréstimo. Se não estiverem, selecione outros sobre o tema desta unidade.

- *Poemas e outros bichos*, de Cintia Alves, com ilustrações de André Monteiro Pato (Quatro Cantos).
  O livro apresenta poemas que revisitam fábulas populares e abordam, de maneira engraçada e rimada, situações diversas entre diferentes bichos, como o rato e o elefante, a onça e o jabuti.
- Leia também: *Os bichos que tive (memórias zoológicas)*, de Sylvia Orthof (Salamandra); *A dança das medusas e outros poemas*, de Alexandre Azevedo e André Luís Oliveira (Quase Oito); *Jardim zoilógico*, de Carlos Pimentel (Formato); *Bichos diversos*, de Aristides Torres Filho (Scipione); *Poeminhas animais*, de Alexandre Azevedo (Atual); *A arca de Noé*, de Vinicius de Moraes (Companhia das Letrinhas); *Olha o bicho*, de José Paulo Paes (Ática); *Todo Pererê*, de Ziraldo (Salamandra).

SITES

- https://www.acidadeon.com/mundodosbichos/
- https://noticias.uol.com.br/temas/bichos/
- www.amigosdosbichos.org
- www.sitedecuriosidades.com/animais/

OFICINA DE CRIAÇÃO

PROJETO: CAMPANHA *É O BICHO!*

Participe com os colegas da organização de uma campanha em prol do bem-estar dos animais, produzindo anúncios, textos instrucionais e cartas para veículos de imprensa.

Giz de Cera/Arquivo da editora

CAPÍTULO 1

O QUE OS BICHOS TAMBÉM SENTEM

LEITURA DE FILME

Assista ao filme *Pets: a vida secreta dos bichos 2*, de Chris Renaud.

Universal Pictures/Alamy/Fotoarena

1. Max e Duke vivem em Nova Iorque com a família deles, o casal Katie e Chuck e o garotinho Liam. Responda oralmente:

   a) No começo do filme, Max conta a opinião dele sobre crianças. Qual é ela?

   b) Como é a relação de Max com Liam desde o nascimento do menino?

   c) A convivência com Liam muda a opinião de Max?

2 Max se sente responsável por cuidar de Liam.

a) Que sentimentos essa responsabilidade gera em Max no começo do filme? Responda oralmente.

b) Katie leva Max a dois lugares para tentar ajudá-lo. Quais são esses dois lugares? Responda oralmente.

3 Além de Max e Duke, outros bichos aparecem no filme.

a) Relacione os nomes aos personagens:

Imagens: Universal Pictures/Alamy/Fotoarena

Gigi

Daisy

Chloe

Bola de Neve

Hu

b) Que relação existe entre Max, Bola de Neve, Chloe e Gigi? Responda oralmente.

c) Duke conta a Max que eles farão uma viagem. Quando fica sabendo que vai viajar, o que Max faz com a abelhinha dele? Responda oralmente.

4 Max e Duke conhecem alguns animais durante a viagem.

a) Escreva os nomes:

b) Quais outros bichos Max e Duke encontram nesse lugar? Circule:

Imagens Reprodução/Universal Pictures

5 Enquanto Max e Duke estão viajando, algumas coisas acontecem em Nova Iorque. Responda oralmente:

a) Quem procura por Bola de Neve?

b) O que acontece com a abelhinha de Max depois que ele viaja?

c) Como Gigi resolve a situação com a abelhinha?

6 Daisy e Bola de Neve vão ao circo.

a) Responda oralmente: O que eles vão fazer lá?

b) Qual animal vive no circo, além dos lobos?

◯ foca ◯ elefante ◯ mico

c) Eles conseguem atingir o objetivo deles?

____

7 Durante a viagem, alguns fatos acontecem com Max e o ajudam a vencer seus medos e sua ansiedade.

a) Quais são eles? Marque com um X:

◯ Morder o rabo do porco.

◯ Resgatar a ovelhinha Algodão.

◯ Ser perseguido pelo peru.

◯ Uivar para a Lua com Galo.

b) Quando voltam para Nova Iorque, uma fala de Max mostra que ele está mudado. Qual é essa fala? Marque com um X:

◯ "O que tá fazendo com um tigre no meu apartamento?"

◯ "Eu vou tentar encontrar o meu Galo interior."

8 Os bichinhos do filme demonstram atitudes de coragem e companheirismo. Estabeleça a relação entre as ações e os personagens:

• Enfrenta os gatos com astúcia e habilidade.	Max
• Luta com lobos no circo.	Bola de Neve
• Salta do túnel em cima do trem em movimento.	Gigi
• Luta com o mico no trem.	Daisy

9 No final do filme, vemos que Liam também está passando por uma etapa importante da vida dele. Responda oralmente:

a) Qual é essa etapa?

b) Você se lembra de quando viveu essa fase? Converse com seus pais em casa e, na próxima aula, comente com os colegas como foi para você.

10 O subtítulo do filme é *A vida secreta dos bichos*. Troque ideias com os colegas e o professor e responda oralmente:

a) Qual parte da vida dos bichos é retratada no filme?

b) Por que essa parte é chamada de "secreta" nesse filme?

DE OLHO NA ORALIDADE: OUVINDO AS VARIAÇÕES DA LÍNGUA

Quando assistiu ao filme *Pets 2*, você deve ter percebido que os personagens falam de formas bem variadas. O modo como os personagens falam também ajuda a caracterizá-los em um filme, em um desenho animado ou um livro. Observe, a seguir, as falas de alguns diálogos do filme.

Cena 1: Max e Duque viajam de carro

Reprodução/Universal Pictures

Duque: Liberô!!
Max: U-hu!! Dá-lhe, irmão!!
Cachorro do carro vermelho: Eu vou dar um rolê!
Max: Então partiu!!
Cachorro do carro vermelho: Adoro andar de carro!
Max: É o máximo!!

Cena 2: Daisy procura Bola de Neve no prédio onde moram os bichos

Reprodução/Universal Pictures

Daisy: Licença, gata e coelho, vocês conhecem o capitão Bola de Neve?
Bola de Neve: É, é... Ah, a gente conhece!
Chloe: Aaaaii, vai começar.
Daisy: Ah, que ótimo! Meu nome é Daisy e eu quero muito falá com ele... um pobre animal indefeso precisa ser salvo...
Bola de Neve: É... Qué dizê...
Daisy: É, eu vim chamá o Capitão Bola de Neve prum resgate supersecreto.

Bola de Neve: Vô ali e já volto. Foi um prazê! É... é...é... como é seu nome?

Daisy: Num ouviu não, né, anjo? É Daisy.

Bola de Neve: Ah, tá, valeu! Vô ali fazê uma parada com um cara que tinha que fazê uma parada pra mim. Té já!

Daisy: Hmm... Esquisitinho...

Chloe: Ah, colega, você ainda não viu nada...

Cena 3: Daisy e Bola de Neve encontram Hu

Reprodução/Universal Pictures

Daisy: Tá tudo bem, Hu, sou eu, Daisy, lá do avião.

Lobo: Aí, se afasta desse tigre!

Daisy: Cuida da tua vida, lobo!

Cena 4: Max salva Algodão

Max: Tá... Algodão, escuta... vem andano pra cá.

Algodão: Tá... só que minha perna prendeu.

Max: A perna prendeu!

Galo: Ué... então... desprende!

Max: Ah... Aaaahh!!

Galo: Segura!!!

Max: Calma... Algodão, escuta... Aaaii!

Galo: Depressa!!

Algodão: Aaah!!

Max: Aaahh! A gente... tá vivo!!

Galo: Pois é!

Algodão: Nóis... uuii... uh! Ê, lasquêra!

1 Observe as falas de Daisy nas cenas 2 e 3.

a) Qual palavra Daisy usa para introduzir a conversa na cena 2? O que essa palavra indica?

b) Faça a correspondência entre as falas de Daisy a seguir e o que cada uma delas indica:

"Meu nome é Daisy e eu quero muito falá com ele... um pobre animal indefeso precisa ser salvo..."

"Tá tudo bem, Hu, sou eu, Daisy, lá do avião."

"Cuida da tua vida, lobo!

Indica familiaridade entre quem fala e o destinatário.

Indica rispidez entre quem fala e o destinatário.

Indica simpatia, educação e pouca familiaridade entre quem fala e o destinatário.

2 Agora releia as falas dos cachorros na cena 1.

a) Elas indicam que eles estão:

◯ tristes e chateados.

◯ felizes e empolgados.

◯ bravos e irritados.

b) Faça a correspondência entre as expressões a seguir e o sentido delas na cena.

"Liberô!"	Estou muito feliz! Vamos lá, meu amigo!
"U-hu!! Dá-lhe, irmão!!"	Vá agora mesmo!
"Eu vou dar um rolê!"	Ela abriu o vidro!
"Então partiu!"	Eu vou passear!

c) Troque ideias com os colegas e o professor. Essas palavras e expressões são chamadas de:

( ) ofensas. ( ) gírias. ( ) cumprimentos.

d) Compare e responda oralmente: Max fala da mesma forma na cena 4? Por quê?

e) O coelho Bola de Neve também usa palavras e expressões semelhantes a essas na cena 2. Copie-as:

____

3 Agora reveja as falas da cena 4.

a) Observe como Algodão e Max pronunciam a palavra **perna**. Em seguida, troque ideias com os colegas e o professor: Por que há essa diferença?

b) Como você pronuncia a palavra **perna**?

c) A expressão "Ê, lasquêra!" na fala de Algodão é utilizada com a finalidade de:

( ) caracterizar o personagem como um animal pouco educado e mal-agradecido.

( ) caracterizar o personagem como um animal típico de uma fazenda.

4 Agora leia as palavras e expressões a seguir, tiradas das falas dos personagens.

falá	qué dizê	tá
chamá	prum	fazê
vô	té já	andano

Universal Pictures/Alamy/Fotoarena

a) Troque ideias com os colegas e o professor: Quais delas você também pronuncia dessa forma quando fala?

b) Como essas palavras e expressões devem ser redigidas quando empregadas em textos escritos?

____

____

Retomando

- **Variedades linguísticas** são as diferentes maneiras de falar e escrever uma língua.
- **Norma-padrão** é o conjunto das normas ou leis que orientam o uso da língua. Essas normas são encontradas nos dicionários e nas gramáticas.

Ao analisar algumas falas do filme, você percebeu que há diferentes formas de se falar uma mesma língua, e essa variação ocorre por muitas razões: pessoas que nascem ou vivem em diferentes regiões do país; pessoas que têm idades muito diferentes; pessoas que frequentaram a escola por menos ou mais tempo, entre outros fatores. Além disso, uma pessoa pode mudar a forma de falar dependendo da situação social: com quem fala, em que lugar, com quais objetivos.

Todas essas diferenças nas formas de falar comprovam algo que você já aprendeu: a língua portuguesa não é igual em todos os lugares e em todas as situações em que é falada. Existem muitas variações dela, chamadas **variedades linguísticas**.

REFLEXÃO SOBRE A LINGUAGEM

DE OLHO NA LEITURA E NA ESCRITA: EMPREGO DE -AM E -ÃO

Leia o poema a seguir.

Pirilampos

Quando a noite
vem baixando,
nas várzeas ao lusco-fusco
e na penumbra das moitas
e na sombra erma dos campos,
piscam, piscam pirilampos.

São pirilampos ariscos
que acendem pisca piscando
as suas verdes lanternas,
ou são claros olhos verdes
de menininhos travessos,
verdes olhos semitontos,
semitontos mas acesos
que estão lutando com o sono?

Biry Sarkis/Arquivo da editora

(Henriqueta Lisboa. *Varal de poesia*. São Paulo: Ática, 2003. p. 10.)

1 O título do poema é "Pirilampos".

a) O que são pirilampos?

____

____

b) Converse com os colegas e o professor e faça a correspondência entre as palavras a seguir e os significados delas no texto lido.

várzea	que não se deixa apanhar ou domesticar facilmente
lusco-fusco	terreno baixo e mais ou menos plano, à margem de um rio ou ribeirão
penumbra	vazia, desabitada, deserta
erma	momento de transição entre o dia e a noite
arisco	revirados de tão cansados
semitontos	estado de transição entre a luz e a escuridão

2 Releia estas palavras do poema:

Quando baixando penumbra sombra campos
pirilampos acendem lanternas lutando

a) Quais consoantes aparecem depois da letra **n**? Escreva: ______

b) Quais consoantes aparecem após a letra **m**? Escreva: ______

3 Agora compare estes pares de palavras:

baix**a**ndo	baix**a**do
s**o**mbra	s**o**bra
lut**a**ndo	lut**a**do

a) Há diferença no som das vogais em destaque quando na palavra há um **m** ou **n** logo depois delas? ____________________

b) Releia em voz alta as palavras e perceba como sai o som: mais pela boca ou um pouco pelo nariz? Troque ideias com os colegas e responda oralmente: Qual é essa diferença?

c) Troque ideias com os colegas e o professor a respeito do emprego das letras **m** e **n** antes de consoantes. Depois, como conclusão sobre o emprego dessas letras, complete:

- Antes das consoantes **p** e **b**, sempre empregamos ______.
- Antes de todas as demais consoantes, empregamos ______.

4 Na língua portuguesa, existe outro meio de indicar que uma vogal é nasal: empregando o til (**~**). Que palavras do poema apresentam til?

____

5 Observe e compare estas frases:

Pirilampos **piscam**, **piscam**.
Pirilampos **iluminam** as suas verdes lanternas.
Menininhos travessos **estão lutando** contra o sono.

a) As palavras em destaque indicam:

( ) ações que já aconteceram no passado.

( ) ações que acontecem no presente.

( ) ações que ainda vão acontecer no futuro.

b) Circule a sílaba mais forte de cada uma das palavras a seguir.

piscam	iluminam	lutam
estão	são	dão

c) Troque ideias com os colegas e o professor e conclua, completando as lacunas:

- Entre as terminações **-am** e **-ão**, palavras com a penúltima sílaba forte terminam com ________.
- Entre as terminações **-am** e **-ão**, palavras com uma única sílaba ou com a última sílaba forte terminam em ________.

6 Complete com **-am** ou **-ão** as palavras no texto sobre o filme *Pets 2*, que você viu no começo deste capítulo.

Max e Duke s____ amigos e est____ tranquilos com a vida ao lado de Katie, até que ela se casa e eles estranh____ a chegada do bebê Liam. Com o tempo, os dois cachorros se acostum____ com a presença do garoto e d____ toda a atenção a ele. Max fica muito ansioso e seus donos, preocupados, lev____ o cãozinho ao veterinário e logo em seguida planej____ uma viagem para a fazenda. Enquanto isso, os *pets* que ficar____ na cidade enfrent____ grandes aventuras e s____ desafiados pelos lobos e pelo dono do circo que capturou Hu. No final da história, os personagens do mal s____ derrotados pelos corajosos *pets*, que lut____ bravamente com toda a sua coragem.

BRINCANDO COM PALAVRAS

1 Há gírias que são muito usadas na internet. Veja algumas delas:

top | TMJ ou tamo junto | sextou | *spoiler* | iti malia | trollar

a) Você já ouviu ou já usou alguma dessas palavras ou expressões? Comente com os colegas e o professor.

b) Troque ideias com os colegas e o professor e responda oralmente: Qual é o significado de cada uma delas?

2 Complete adequadamente cada texto a seguir com uma das palavras ou expressões do quadro da questão 1.

Reprodução/Youtube

Reprodução/Arquivo da editora

Reprodução/ITEVA

Reprodução/Arquivo da editora

Reprodução/Promotize

Reprodução/Pinterest

3 É comum que os cachorros estranhem a chegada de um novo integrante à família? Saiba mais sobre esse assunto lendo o texto a seguir. Complete as lacunas com a terminação adequada: **-am** ou **-ão**.

Daniel Besic/Shutterstock

A chegada do bebê, sem dúvida, muda toda a rotina da família e da casa. [...] Com isso os cuidados e atenç____ s____ todos voltados para o neném. [...]

[...] A reação dos cães é natural, eles mud____ com tantas novidades [...].

[...] Se o c____ gosta de [...] determinado objeto ou pessoa, vai fazer de tudo para retê-lo. [...]

[...] O c____ n____ se torna agressivo porque há um novo integrante na família. Ele fica, na verdade, entediado (pela falta de atenç____), ansioso e apreensivo (devido a todas as mudanças) e inseguro com o novo ambiente. [...]

[...] Antes desse contato direto é preciso ter certeza de que tanto o animal quanto o bebê est____ confortáveis. [...]

[...] O c____ perdeu o status de preferido da casa [...] porque os pais precis____ dividir o tempo disponível com o bebê [...].

(Disponível em: https://canaldopet.ig.com.br/curiosidades/2016-09-05/cachorro-chegada-bebe.html. Acesso em: 30/1/2021.)

PRODUÇÃO DE TEXTO

TEXTOS DE INSTRUÇÃO

Reprodução/Universal Pictures

No filme *Pets 2*, a gata Chloe ensina a cachorrinha Gigi a se comportar como uma gata passeando pela mesa do escritório. Veja como ela fala:

"**Sobe**, **esfrega** na cara, agora bumbum na caneca, **desfila** no teclado, café no computador, e **desce**."

As palavras **sobe**, **esfrega**, **desfila**, **desce**, em destaque na fala de Chloe, indicam que ela dá orientações a Gigi sobre como a cachorrinha deve agir. Correspondem, assim, às ações que Gigi deve realizar para parecer uma gata. Além delas, percebemos que há outras ações subentendidas na fala de Chloe, como: "Agora (passa/esbarra/encosta o) bumbum na caneca", "(joga/entorna/derruba o) café no computador". Sempre que vamos dar orientações a alguém, é importante usarmos palavras de ação como essas, a fim de indicar os passos que devem ser seguidos para atingir um objetivo.

Quando possível, podemos acrescentar imagens às orientações, para deixar mais claras as instruções dadas. No *Manual de aventuras do Cebolinha*, há dicas de como enviar mensagens secretas. Leia uma delas a seguir.

Há várias maneiras de codificar uma mensagem. Veja só:

Conto do Céu

Esse truque foi inventado há muito tempo pelos soldados espartanos, da Grécia antiga:

Corte uma tira de papel. Prenda uma das pontas no bastão com fita adesiva. Enrole e prenda a outra ponta (desenho 1). Escreva a mensagem em todo o comprimento do bastão (desenho 2).

Ao soltar a tira, a mensagem perde o sentido e só pode ser lida quando for enrolada novamente num bastão igual ao que você usou.

Para confundir ainda mais o inimigo, preencha os espaços em branco do papel com outras letras quaisquer (desenho 3).

VOCÊ VAI PRECISAR DE:

- papel
- caneta
- fita adesiva
- um bastão (pode ser um pedaço de cabo de vassoura, um rolo vazio de papel toalha ou um tubo qualquer)
- tesoura

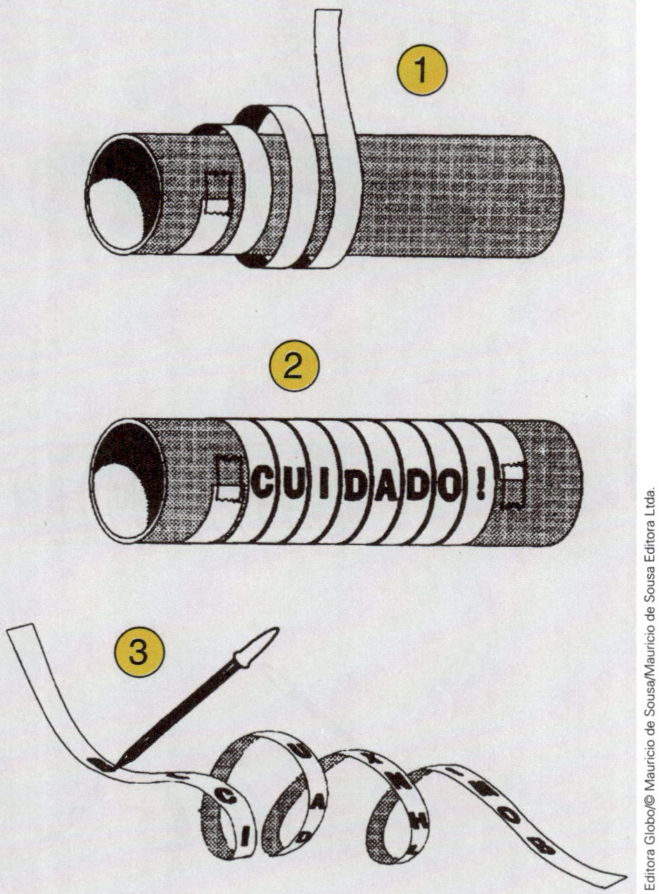

(Mauricio de Sousa. *Manual de aventuras do Cebolinha*. São Paulo: Globo, 2003. p. 211.)

1 Circule, no texto do *Manual de aventuras do Cebolinha*, as palavras que indicam todas as ações que o leitor deve fazer para conseguir preparar uma mensagem codificada.

2 Leia o boxe do canto direito superior do texto.

a) Quais informações esse boxe contém?

___

b) Troque ideias com os colegas e o professor e responda oralmente: Por que é importante que esse conteúdo esteja em destaque em textos como esse?

3 Agora observe novamente os desenhos.

a) Copie as formas verbais do texto correspondentes às ações ilustradas nos desenhos:

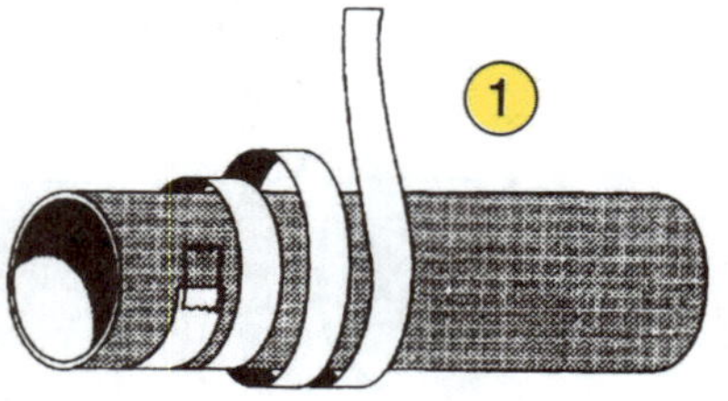

___

___

___

___

___

___

Fotos: © Editora Globo/© Mauricio de Sousa/Mauricio de Sousa Editora Ltda.

b) Responda oralmente: Por que esses desenhos ajudam a entender melhor o texto?

4 O texto a seguir contém os passos a serem seguidos para fazer um origâmi da cabeça de um cachorro.

> **1.** Dobre ao meio sobre a diagonal.
> **2.** Dobre novamente ao meio para fazer uma marca e desdobre, tendo cuidado para que o triângulo fique voltado para baixo.
> **3.** Dobre as duas pontas de cima para baixo como na imagem.
> **4.** Dobre a ponta (que estiver em cima) de baixo para cima.
> **5.** Dobre a ponta de baixo para cima ou para dentro.
> **6.** Desenhe a carinha e pronto!
>
> (Disponível em: http://dicaspaisefilhos.com.br/diversao/brincadeiras/origami-dobraduras-de-papel-para-criancas/. Acesso em: 5/2/2021.)

a) Pinte as palavras de ação contidas em cada passo.

b) Faça a correspondência das imagens a seguir com cada um dos passos.

( ) 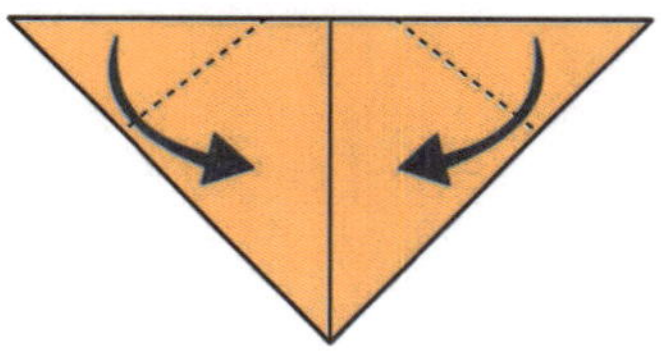

( ) 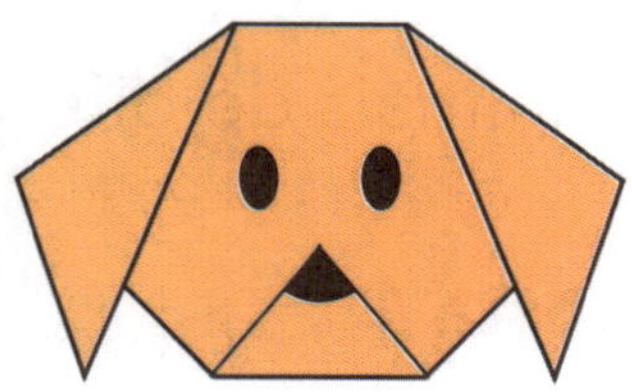

( ) 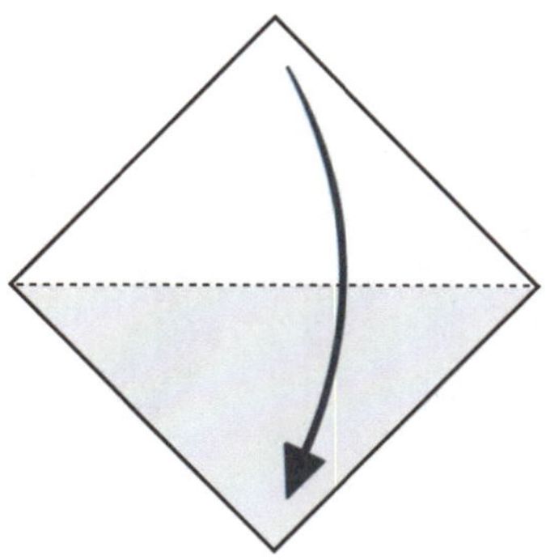

( ) 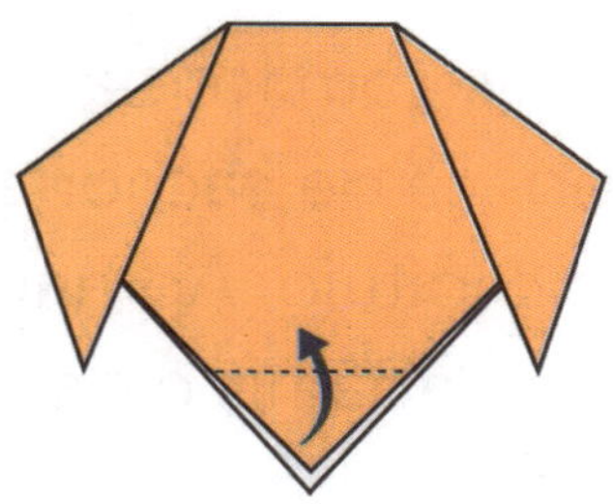

( ) 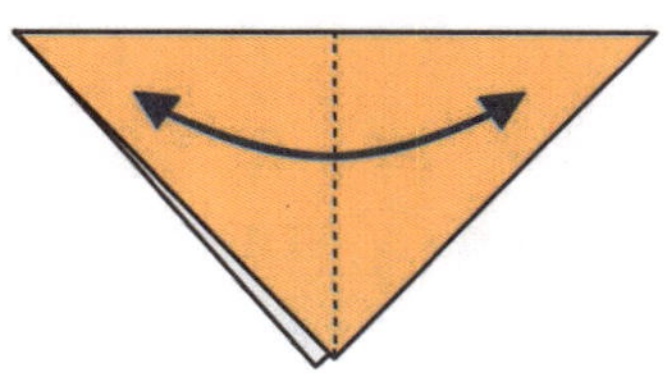

( ) 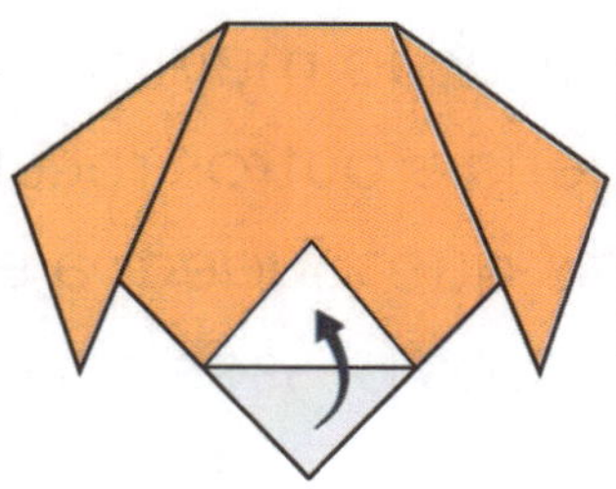

Ilustrações: Ilustra Cartoon /Arquivo da editora

c) Que materiais são necessários para fazer esse origâmi?

____

____

d) Além do quadrado branco e laranja, há outros símbolos nos desenhos que você analisou no item **b**. Quais são esses desenhos e o que eles indicam?

____

____

AGORA É A SUA VEZ

Ao final desta unidade, você e os colegas vão organizar uma campanha em prol do bem-estar animal. Para mobilizar o público e conseguir a adesão dele, no dia do lançamento da campanha vocês vão ensinar os convidados a fazer origâmis de bichinhos e a interagir com animais de diferentes espécies.

Proposta 1

Conversem com a professora ou o professor de Arte e façam uma pesquisa sobre como fazer origâmis com formato de animais, como o da cabeça de cachorro que você estudou neste capítulo. Aprendam a fazer alguns desses origâmis e deixem alguns modelos prontos. Depois, para ensinar os convidados a fazer os próprios origâmis, elaborem textos de instrução multimodais, isto é, com imagens e outros recursos gráfico-visuais que ajudem a explicar melhor os passos a serem seguidos.

Giz de Cera/Arquivo da editora

Proposta 2

Nem todo o mundo tem um animalzinho de estimação ou está acostumado a conviver com esses bichinhos. Por isso, muitas pessoas não sabem como pegar ou como fazer carinho de forma adequada nos *pets*. Leiam os textos a seguir.

Como não segurar seu gato?

Há maneiras também que não são muito agradáveis para os felinos e é bom respeitar.

- Você não deve pegar o pet pela cabeça, por razões óbvias: segurar o gato pelo cangote machuca.
- Você não deve pegá-los pela barriga, pois eles tendem a comer demais. Já pensou alguém te pegando pela barriga depois daquele almoço incrível? Pois é! Não seria legal, então não faça com eles também.
- Pela cauda, uma vez que é uma parte bem sensível, conectada à coluna vertebral.
- Pelos pés deles, já que eles se sentem impotentes e, às vezes, também é doloroso.

(Disponível em: https://ofazedor.com/como-segurar-gato-de-forma-correta/. Acesso em: 1/2/2021.)

Transformem um desses três textos em um texto de instrução multimodal, no formato que vocês aprenderam neste capítulo. Vocês também podem pesquisar outros textos desse tipo que tragam informações novas. Combinem com o professor a melhor forma de realização da proposta.

Se possível, elaborem outros textos de instrução multimodal para a campanha, entre eles:

- Como construir você mesmo um brinquedo para seu animal de estimação.
- Como fazer você mesmo uma roupa ou acessório para seu animal de estimação.
- O que fazer para deixar seu animal de estimação menos ansioso quando você sai de casa.

Os textos de vocês serão expostos no dia do lançamento da campanha, para familiarizar ainda mais os convidados com o mundo e os sentimentos dos animais.

PLANEJAMENTO DO TEXTO

Para elaborar o texto de instrução multimodal, sigam estes passos:

- Definam a forma como o texto de vocês vai circular, por exemplo, se será escrito em um cartaz e afixado nas paredes ou se será escrito em um folheto para ser distribuído.
- Dividam-se em grupos e definam o que cada grupo vai ensinar a fazer.
- Façam vocês mesmos o que querem ensinar e certifiquem-se de que dá certo e não é muito difícil nem trabalhoso demais.
- Anotem todo o material necessário.
- Anotem os passos que vocês seguiram para fazer.
- Escolham palavras de ação que descrevam objetivamente o que deve ser feito.
- Fotografem ou façam desenhos que indiquem cada passo a ser executado.

- Se julgarem conveniente, complementem as fotos ou os desenhos com ícones que auxiliem a compreensão dos movimentos, como setas ou linhas tracejadas.

REVISÃO E REESCRITA

Antes de passar o texto de vocês a limpo, verifiquem:

- A quantidade de texto, o tamanho das imagens e dos ícones estão adequados à forma de circulação do texto?
- Todo o material necessário está indicado?
- Os passos estão todos detalhados?
- As imagens complementam e ajudam a compreender o texto escrito?
- Os ícones contribuem para a compreensão do que deve ser feito?

Antes de produzirem a versão final, troquem o texto entre os grupos para que um teste o texto instrucional do outro. Se necessário, façam as alterações sugeridas pelos colegas e só depois finalizem o texto e guardem-no para o dia do lançamento da campanha.

DIVIRTA-SE

CAPÍTULO 2

OUTRO PONTO DE VISTA

LEITURA

Leia o texto a seguir com os colegas e o professor.

Ao roã meija ou o passarinho

Era uma vez um passarinho. Um passarinho bem passarinho mesmo, porque ele era bem pequeninho. Os irmãos dele eram bem maiores que ele. E quando a mãe trazia minhoquinhas e outros petiscos para os filhotinhos, o passarinho quase sempre acabava com o bico vazio. E em vez de ir crescendo, como os irmãos, ele foi ficando do mesmo tamanho, mas cada vez mais magrinho. Às vezes a mãe até esquecia que ele existia. Porque ela nem via o passarinho no meio dos irmãos.

Jean Galvão/Arquivo da editora

A história que este passarinho mais gostava era "O Patinho Feio". Quando a mãe dele contava essa história, ele ficava todo feliz. Não porque ele fosse feio. Mas era muito pequenininho, coitado. E ele sonhava que um dia ia crescer e ficar forte. Do mesmo jeito que o Patinho Feio fica grande e bonito naquela história.

Um dia os irmãos do passarinho estavam jogando futebol dentro do ninho. E o passarinho estava no gol. Um dos irmãos dele chutou com força a joaninha que eles usavam de bola. O passarinho deu um pulão para tentar pegar a joaninha. E caiu do ninho! E caiu lá no chão, porque ele os irmãos dele ainda não sabiam voar.

O passarinho ficou um tempão lá no chão. Pensando que a vida dele tinha acabado. Mas aí ele lembrou que os passarinhos voam. E tentou imitar a mãe dele batendo as asinhas. Bateu, bateu, bateu. Mas tudo o que aconteceu é que ele ficou cansado. E não conseguiu voar.

Aí apareceu um gato. Lambendo os beiços de vontade de comer um passarinho. Veio vindo para perto do passarinho. Mais perto. E mais perto. E quando estava pertíssimo, o gato deu um pulo. Foi aí que o passarinho descobriu que os passarinhos, além de voar, podem dar aqueles pulinhos com as patinhas juntas. E pulou pra cá, pulou pra lá. Cada vez que o passarinho dava um pulinho, o gato dava um pulão. Mas não conseguiu pegar o passarinho, que de pulinho em pulinho chegou até o tronco de uma árvore. E se escondeu num buraquinho deste tronco. Um buraquinho tão pequenininho que só cabia o passarinho lá dentro. E tão pequeno era este buraquinho que o gato não conseguia enfiar nem a ponta de uma de suas patas lá dentro. E percebendo que não ia conseguir agarrar o passarinho, o gato disse assim:

— Sabe que eu estou com vontade de comer um ratinho?

E foi embora.

Aí o passarinho saiu do buraco. E resolveu caçar uma minhoquinha para comer. Mas logo descobriu que só os passarinhos adultos conseguem caçar minhocas. Porque as minhocas são espertinhas.

O passarinho já estava pensando em fingir que era um esquilo e comer uma avelã que estava ali perto. Mas então aconteceu uma coisa extraordinária!

Um menino e uma menina vieram pelo caminho da floresta de mãos dadas. Este menino e esta menina eram muito parecidos. Tão parecidos, que o passarinho pensou assim: "Eles devem ser irmãos!".

O mais interessante é que o menino estava com um pedaço de pão na mão. E o passarinho ficou de boca aberta quando viu o que o menino estava fazendo, e exclamou:

— Mas que coisa! Ele está tirando pedacinhos de pão e jogando no chão! Que sorte a minha!

O passarinho não perdeu tempo e já foi comendo um pedacinho de pão. E outro. E outro. O passarinho seguiu a menina e o menino, aos pulinhos. E assim que o menino jogava um pedacinho de pão, o passarinho abocanhava. Mastigava. Engolia. E ia dando seus pulinhos. E abocanhando. E mastigando. E engolindo.

Muito caminho depois, o pão acabou. Mas o passarinho não ficou triste, porque já tinha abocanhado, mastigado e engolido muitos e muitos pedacinhos.

Foi bem quando o pão acabou que as crianças olharam para trás. E descobriram que os pedacinhos de pão tinham sumido.

— Foi aquele passarinho! — disse a menina.

— Ele vai ver só uma coisa! — disse o menino. E foi logo pegando uma pedra para atirar no passarinho.

Foi aí que o passarinho descobriu que voar era muito fácil para quem tem duas asas. Ele ficou com tanto medo de levar uma pedrada, e se mexeu tanto que, quando percebeu, já estava voando.

A floresta era muito bonita vista lá de cima. O passarinho viu muitos tipos de árvore. Rios, cachoeiras. E uma casa muito esquisita, mas muito bonita, com as paredes marrons e muitos enfeites coloridos. Parecia até que aquela casa era feita de coisas para se comer. Mas o passarinho nem pensou em voar para perto desta casa. Porque ele não estava mais com fome. Porque ele estava com a barriga cheia de pedacinhos de pão. E porque na frente daquela casa tinha uma velha descabelada e com cara de má.

O passarinho voou e voou e conseguiu voltar para o ninho dele. A mãe e os irmãos se admiraram de ele estar vivo. E grande. E forte. E voando!

Jean Galvão/Arquivo da editora

O passarinho se sentiu como o Patinho Feio, quando ele descobre que se transformou num lindo cisne. E ensinou os irmãos dele a voar. E mostrou para eles e para a mãe onde tinha pedacinhos de pão. Porque antes do passarinho começar a seguir as crianças, abocanhando, mastigando e engolindo, o menino e a menina já tinham deixado outros pedacinhos pelo caminho.

E a família dele comeu bastante. E todos abraçaram e beijaram o passarinho. E ele voou bastante. E cresceu bastante. E viveu bastante feliz para sempre. FIM.

(Flavio de Souza. *Que história é essa?* São Paulo: Companhia das Letrinhas, 1995. p. 17.)

OS SENTIDOS DO TEXTO

1 Troque ideias com os colegas e o professor:

a) Quem é o personagem principal da história que você leu?

____

b) Com que personagem de outra história ele se identifica? Por quê?

____

____

____

____

2 O passarinho e os irmãos dele estavam jogando futebol no ninho.

a) O que eles usavam como bola no futebol?

____

____

b) O que aconteceu com o passarinho no meio do jogo?

____

____

____

____

QUEM É FLAVIO DE SOUZA?

Flavio de Souza é ator, escritor e roteirista. Além de escrever e atuar em peças teatrais para os públicos adulto e infantil, foi criador e roteirista de conhecidos programas de TV infantis, como *Mundo da Lua* e *Castelo Rá-Tim-Bum*.

Reprodução/Acervo pessoal

c) Outras situações se seguiram logo após esse acontecimento. Coloque na ordem correta, numerando de 1 a 4:

( ) Um gato atacou o passarinho.

( ) O passarinho achou que ia morrer.

( ) O passarinho se escondeu no tronco de uma árvore.

( ) O passarinho tentou voar.

3 Vários animais são citados na história e alguns se alimentam uns dos outros. Volte à história e ligue os animais (coluna da esquerda) aos alimentos deles (coluna da direita).

Maciej Es/Shutterstock

Shutterstock/GoodStudio

Lorelyn Medina/Shutterstock

udaix/Shutterstock

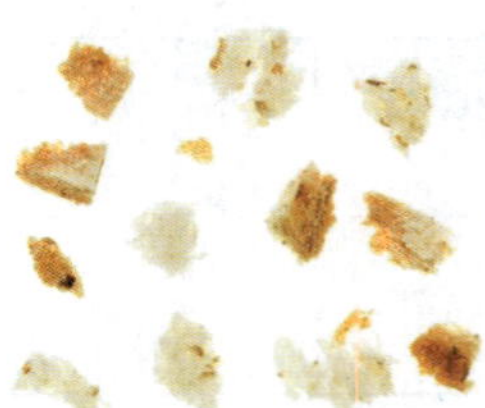

HamsterMan/Shutterstock

4 Essa história faz parte de um livro que se chama *Que história é essa?*.

a) Que outra história essa história do passarinho lembra?

______

______

______

b) Quem conta essa história do passarinho? Esse narrador também participa da outra história, que você lembrou no item **a**?

______

______

______

c) Que enigma há no título "Ao Roã Meija"?

______

______

5 Marque, a seguir, os fatos da história do passarinho que são parecidos com fatos da história que você identificou na questão 4.

( ) Uma passarinha vivendo sozinha com seus três filhotes no ninho.

( ) Um gato que desiste de comer o passarinho e vai atrás de um rato.

( ) Um casal de irmãos andando sozinhos em uma floresta.

( ) O menino joga pedacinhos de pão no chão pelo caminho.

( ) O passarinho aprende a voar com medo da pedrada.

( ) O passarinho encontra uma casa colorida e enfeitada que parece de comer no meio da floresta e uma velha com cara de má.

( ) O passarinho volta feliz e bonito para o ninho, como um belo cisne.

6. Depois da aventura, o passarinho consegue voltar para o ninho.

a) Como a mãe e os irmãos recebem o passarinho?

____

b) O que o passarinho fez quando voltou?

____

____

____

c) Troque ideias com os colegas e o professor e responda oralmente: Na história, o menino e a menina ficaram contentes com a felicidade do passarinho? Por quê?

TROCANDO IDEIAS

1. Na história que você leu, o menino fica muito bravo e tenta jogar uma pedra no passarinho. Existem pessoas que caçam passarinhos e outros animais por esporte e diversão. Você acha isso certo? Por quê?

2. Muitos animais, como os pássaros, o mico-leão-dourado, o lobo-guará, o peixe-boi, os tigres siberianos e algumas espécies de golfinhos, estão desaparecendo do planeta. Na sua opinião, por que isso está acontecendo?

LENDO TABELA

Você sabe quais são os dez animais mais velozes do mundo? E o homem mais veloz? Veja na tabela a seguir.

1º	falcão-peregrino	320 km/h
2º	guepardo	115 km/h
3º	agulhão-de-vela	110 km/h
4º	antilocapra	98 km/h
5º	gazela-thompson	80 km/h
6º	leoa	80 km/h
7º	gnu	80 km/h
8º	pato-êider	76 km/h
9º	coiote	69 km/h
10º	zebra	64 km/h
Corredor mais rápido do mundo: Usain Bolt		44 km/h

Jorge Zaiba/Arquivo da editora

(Fonte dos dados: http://mundoestranho.abril.com.br/mundo-animal/top-10-os-animais-mais-velozes-do-mundo/. Acesso em: 1/2/2021.)

1 Escreva o nome do animal mais veloz do mundo.

____

Robert L. Kothenbeutel/Shutterstock

Falcão-peregrino.

2 Entre os dez animais mais velozes, qual é o menos veloz?

____

3 Qual animal é mais veloz: o coiote ou o pato-êider?

____

Ondrej Prosicky/Shutterstock

Pato-êider.

4 Em grande parte das estradas brasileiras, a velocidade máxima permitida é de 80 quilômetros por hora. Essa velocidade é igual, maior ou menor do que a alcançada por uma leoa?

____

5 A respeito do homem mais veloz do mundo, responda:

a) Qual é o nome dele?

____

b) Que velocidade ele conseguiu alcançar?

____

c) A velocidade que o homem mais veloz do mundo atingiu é menor ou maior que a velocidade alcançada por uma zebra?

____

PCN Photography/Alamy/Fotoarena

Usain Bolt, o homem mais rápido do mundo.

REFLEXÃO SOBRE A LINGUAGEM

O VERBO

No capítulo anterior, você analisou e produziu um texto instrucional, no qual observou o uso de diferentes palavras que indicavam ações para orientar os passos a serem seguidos pelos leitores. Agora, releia estes trechos da história que você estudou no início deste capítulo:

> "O passarinho **seguiu** a menina e o menino, aos pulinhos. E assim que o menino **jogava** um pedacinho de pão, o passarinho **abocanhava**."
>
> "Aí o passarinho **saiu** do buraco."
>
> "O passarinho **voou** e **voou** e **conseguiu voltar** para o ninho dele."

1 Os termos em destaque indicam ações realizadas pelos personagens da história. Complete a tabela a seguir de acordo com o exemplo.

Na frase:	a ação de...	é realizada pelo...
O passarinho seguiu a menina e o menino.	seguir	passarinho
O menino jogava um um pedacinho de pão.		
O passarinho abocanhava.		
O passarinho saiu do buraco.		
O passarinho voou e voou.		
Conseguiu voltar para o ninho dele.		

Ilustra Cartoon/Arquivo da editora

2 Volte à história e identifique:

a) Qual das ações a seguir foi realizada pelo gato?

( ) **pegar** o passarinho

( ) **lamber** os beiços

( ) **dormir** na grama

b) Qual das ações a seguir foi realizada pela menina?

( ) **comer** os pedacinhos de pão

( ) **atirar** uma pedra no passarinho

( ) **dizer** "Foi aquele passarinho!"

c) Qual das ações a seguir foi realizada pelo menino?

( ) **caçar** minhocas

( ) **atirar** uma pedra no passarinho

( ) **entrar** no buraco do tronco

As palavras em destaque que você analisou nas questões 1 e 2 expressam ações dos personagens do texto: **seguir**, **jogar**, **sair**, **voar**, **dizer**, etc. Palavras que expressam ações são chamadas de **verbos**.

Os verbos também podem indicar estado ou atribuir características. Por exemplo:

O passarinho **era** pequenininho.
O Patinho Feio **fica** grande e bonito naquela história.
O menino **estava** furioso.
A menina **ficou** assustada.

Nessas frases, as palavras **era** e **fica** ligam as características "pequenininho" e "grande e bonito" ao passarinho e ao Patinho Feio, e as palavras **estava** e **ficou** indicam o estado do menino e da menina.

Verbos são palavras que indicam ação e estado.

Para que serve o verbo?

Você já percebeu que quase tudo o que falamos está relacionado com nossas **ações** ou com nosso **estado**? Logo cedo, você se **levanta**, **escova** os dentes, **toma** café, **vai** à escola, **estuda**, **brinca**, **volta** para casa, **almoça**, **joga** bola, etc. Para exprimir todas essas ações, utilizamos os verbos.

E, com tantas coisas que faz, você tem o direito de **ficar** cansado, de **estar** faminto e de **ser** ou não bom em jogos com bola, por exemplo. Para exprimir esses estados, também utilizamos verbos. Assim, os verbos são a base da existência humana, pois traduzem o que fazemos e como estamos ou somos.

O VERBO NO DICIONÁRIO E NOS TEXTOS

A forma como os verbos aparecem nos textos nem sempre é a mesma como aparecem nos dicionários. Em um dicionário, você encontra, por exemplo, as palavras **ser**, **estar**, **ficar**, **seguir**, **jogar**, etc., mas não encontra **era**, **estava**, **ficou/ficamos**, **seguiram**, **joguei**, etc. Isso ocorre porque, nos dicionários, os verbos são registrados com as terminações **ar**, **er**, **ir** ou **or**, e não com outras terminações.

Leia esta frase:

O passarinho **hesitou** antes de tentar voar.

Se você quiser saber o que significa a palavra **hesitou**, que é verbo, precisa procurar no dicionário a forma **hesitar**.

Leia este texto e responda às questões 1 e 2:

Foto:Jagodka/Irmão Animal

(Disponível em: https://caespetropolis.wordpress.com/2014/10/31/campanha-coloque-agua-para-animais-de-rua/. Acesso em: 1/2/2021.)

1 Esse texto faz parte de uma campanha e pretende estimular pessoas a:

- ◯ adotar animais que vivem nas ruas.
- ◯ ajudar animais que vivem nas ruas.
- ◯ comprar animais de estimação.

2 Há muitos verbos nesse texto.

a) Circule os verbos que dão orientações diretas ao leitor.

b) Faça um X no verbo que expressa a reação dos animais com a ajuda.

c) Pinte o verbo que expressa o que todos sentem com o calor do verão.

d) Por quais palavras devemos procurar para encontrar o significado desses verbos no dicionário? Escreva:

____

DE OLHO NA LEITURA E NA ESCRITA: EMPREGO DE AL/AU, EL/EU E IL/IU NO FINAL DE PALAVRAS

Leia os poemas a seguir.

____

Au au
Vida de cão...
Fubá no mingau
Au au...
Pensa o cachorro:
Prefiro um belo osso
trivial.

(Fernanda Sander. *Ideia passarinha: poesia (in)completa para crianças.* São José dos Campos, SP: Fernanda Sander Canabrava Bincoleto, 2019. p. 120.)

____

O caracol vai caracolando
Carretel desenrolando
O que borda o caracol
Em plena luz do sol?

(*Idem.* p. 118)

Ilustrações: Biry Sarkis/Arquivo da editora

1 Os dois poemas estão sem título. Descubra, entre as palavras a seguir, qual é o título de cada um e escreva no texto.

Gatinho Caracol Tartaruga Cachorro

2 Releia o primeiro poema.

a) O animal pensa que prefere "um belo osso trivial". Você sabe o que é **trivial**? Troque ideias com os colegas e o professor e marque com um X:

◯ enorme

◯ triangular

◯ comum

b) O que representa a palavra **au**?

____

c) Quais outras palavras desse poema rimam com **au**?

____

3 Releia o segundo poema.

a) Troque ideias com os colegas e o professor: O que significa **caracolando**?

____

b) Com o que o caracol é comparado? Marque:

◯ com um carretel

◯ com a luz do sol

4 Copie dos dois poemas:

a) uma palavra terminada em **al**: ______

b) uma palavra terminada em **au**: ______

c) uma palavra terminada em **el**: ______

d) duas palavras terminadas em **ol**: ______

5 Pronuncie em voz alta estes pares de palavras:

mingau	trivial
carretel	céu
funil	riu
caracol	sol

As palavras de cada par têm som semelhante no final?

6 Escreva as palavras correspondentes a:

a) o contrário de início: ______

b) o contrário de singular: ______

c) espécie de fio em que se penduram roupas para secar:

______

d) material de que são feitos os cadernos ou os jornais:

______

e) conjunto de folhas impressas nas quais se leem as notícias:

______

f) o que um cozinheiro usa sobre a roupa: ______

g) singular de pincéis: ______

BRINCANDO COM PALAVRAS

Leia os textos de campanha a seguir e complete as lacunas com **AL/AU**, **EL/EU**, **IL/IU** e **OL/OU**.

Reprodução/Prefeitura Itanhaem, SP

(Disponível em: http://www2.itanhaem.sp.gov.br/2017/06/05/prefeitura-e-entidades-protetoras-lancam-campanha-para-estimular-a-adocao-de-animais/. Acesso em: 1/2/2021.)

Reprodução/Camara Municipal Catigua, SP.

(Disponível em: https://www.camaracatigua.sp.gov.br/home/index.php/noticias/1269-abril-laranja. Acesso em: 1/2/2021.)

Reprodução/Assessoria Gestão Ambiental, Maranhão

(Disponível em: https://www.aga.uema.br/2018/04/12/campanha-abril-laranja/#prettyPhoto. Acesso em: 1/2/2021.)

PRODUÇÃO DE TEXTO

ANÚNCIO E TEXTO DE CAMPANHA

Para resolver os exercícios das seções anteriores, você leu alguns textos de campanha. Agora leia o texto a seguir.

Reprodução/Caopanheiro, Curitiba, PR

(Disponível em: https://www.folhavitoria.com.br/geral/blogs/petblog/wp-content/uploads/2011/06/cachorro-nao-e-brinquedo.jpg. Acesso em: 1/2/2021.)

1. O texto que você leu é um anúncio.

   a) Os nomes dos responsáveis podem aparecer nos anúncios de formas variadas, entre elas logotipos ou endereços de *sites*. Troque ideias com os colegas e o professor e deduza: Qual é o nome da instituição responsável por esse anúncio?

   b) Quais são as finalidades do texto?

   ◯ Reforçar que abandonar animais é crime e estimular o leitor a comprar um animal de estimação.

   ◯ Reforçar que abandonar animais é crime e estimular o leitor a adotar um animal de estimação.

2. Todo anúncio publicitário tem um público em vista. A qual público o anúncio lido é dirigido, principalmente: ao público adulto ou ao público infantil? Por quê? Responda oralmente.

3. Os anúncios geralmente tentam convencer o público, apresentando um ou mais **argumentos**, isto é, motivos ou razões para divulgar uma ideia, vender um produto ou estimular o público a se comportar de determinada forma. Leia os argumentos a seguir e marque com as letras **I** e **A** aqueles que podem ser utilizados tanto com o público infantil quanto com o público adulto e com a letra **A** os que são direcionados principalmente ao público adulto.

Reprodução/Caopanheiro, Curitiba, PR

   ☐ Afirmar que cachorro não é brinquedo.

   ☐ Afirmar que cães sentem frio, fome e medo.

   ☐ Esclarecer que abandonar animais é crime.

   ☐ Destacar que adotar é dar uma nova chance a um cão abandonado.

4 Nos anúncios, geralmente há uma frase em destaque, que chama mais a atenção dos leitores.

a) No anúncio lido, qual é a frase em destaque?

◯ "Cachorro não é brinquedo."

◯ "abandono de animais é crime"

◯ "Adote e dê uma nova chance a um cão abandonado."

Ermolaev Alexander/Shutterstock

b) O texto do anúncio contém uma rima, que ajuda a chamar a atenção. Quais palavras rimam? Escreva:

____

5 Para atrair o público, os anúncios costumam usar recursos visuais. Dentre os recursos visuais utilizados no anúncio lido, quais se destacam?

◯ A grande variação nas cores das letras e do fundo.

◯ A pouca variação de cores nas letras e no fundo.

◯ A cor vermelha na palavra **não** e no fundo da frase "abandono de animais é crime", indicando advertência.

◯ A cor branca usada na maioria das palavras, indicando um sentimento de paz e tranquilidade.

◯ A imagem de um cachorro com o pelo despenteado e o olhar tristonho.

◯ A imagem de um cachorro com o pelo bem-cuidado e o olhar alegre.

6 Os recursos que você observou na questão 5 constroem no anúncio um sentido de festa e divertimento ou de advertência e preocupação?

____

____

7 Foram empregados vários verbos no anúncio lido.

a) Circule os verbos que dão orientações diretas ao leitor.

b) Faça um X no verbo que expressa os sentimentos de um cachorro.

c) Pinte o verbo em cada uma destas frases:

> "Cachorro não é brinquedo."
> "abandono de animais é crime"

8 Um anúncio publicitário também pode conter adjetivos ou expressões adjetivas. Releia esta frase:

> "Adote e dê uma nova chance a um cão abandonado."

a) Que palavra indica uma característica positiva da chance dada ao cão com a adoção?

____

b) Que palavra indica o tipo de cão que será adotado?

____

AGORA É A SUA VEZ

Ao final desta unidade, você e os colegas vão lançar a campanha que têm planejado ao longo dos capítulos. Para essa campanha, vocês devem produzir anúncios, mobilizando o público a aderir à ideia da **importância de cuidar do bem-estar dos animais**.

Vocês podem produzir anúncios voltados especificamente para o público infantil, para o público adulto ou para ambos os públicos. Dividam-se em grupos e combinem com o professor a melhor forma de organizar as produções.

Happy monkey/Shutterstock

PLANEJAMENTO DO TEXTO

- Definam qual será o público-alvo.
- Usem uma linguagem simples e direta para chamar a atenção dos leitores.
- Escolham as cores e imagens que serão utilizadas, considerando os sentidos que vocês querem criar com o texto de vocês: mais alegre e festivo ou mais sério e grave.
- Empreguem frases curtas.
- Criem uma frase principal, que atraia os leitores, e usem letras grandes ao escrevê-la.

- Se julgarem conveniente, vocês podem criar um único *slogan* para a campanha, que será utilizado por todos os grupos em seus anúncios.
- Usem adjetivos ou expressões adjetivas que especifiquem e caracterizem positivamente as ações incentivadas e as ideias divulgadas pelo anúncio.
- Empreguem verbos que estimulem o leitor a agir conforme as orientações da campanha.
- Caprichem na diagramação da página: usem letras grandes e cores chamativas para o título e disponham de forma criativa o texto e a imagem na página, a fim de que um complemente o outro.

O QUE É UM *SLOGAN*?

Slogan é uma expressão curta, fácil de lembrar, utilizada em uma campanha (que pode ser comunitária, publicitária, política, etc.), com a finalidade de lançar e divulgar uma ideia, um produto, uma marca, etc.

REVISÃO E REESCRITA

Antes de passar o anúncio a limpo, verifiquem:

- Há uma frase principal, capaz de chamar a atenção dos leitores?
- As frases são curtas?
- Há palavras ou expressões que caracterizam positivamente a ideia divulgada pelo anúncio?
- Há verbos que estimulam os leitores a agir conforme as orientações da campanha?
- A linguagem está caprichada, parecida com a que é usada nos anúncios lidos ao longo deste capítulo?
- As imagens selecionadas estão de acordo com a finalidade do anúncio e são chamativas?

Se necessário, façam correções e finalizem o anúncio, passando o texto para uma folha de papel sulfite e utilizando recursos visuais. Depois de passarem o texto a limpo, guardem-no para a campanha que será feita ao final desta unidade.

DIVIRTA-SE

Quem passou por aqui?

Encontre os donos das pegadas. Circule a foto de cada animal com a mesma cor da pegada dele.

photomaster/Shutterstock
Galyna Syngaievska/Shutterstock
Pegadas: Lars Poyansky/Shutterstock
Svetography/Shutterstock
IhorM/Shutterstock
Nerthuz/Shutterstock
New Africa/Shutterstock

CAPÍTULO 3

EU E MEU CACHORRO

LEITURA

Leia, a seguir, a letra de uma canção de Gabriel Gonti.

Canção para o meu cachorro

Jean Galvão/Arquivo da editora

Quem é que vai seguir
Meus passos na rua
Sem dar a mão?
Brincar na hora errada
Sem ter culpa
Pedir perdão?

A alegria sempre está
Quando se tem você
Queria sempre te escutar
E poder entender
Já não sei viver sem ter você
Bagunçando tudo

Dói só de pensar em te perder
Sei que a hora vai chegar
E quando eu te chamar, não vai estar lá
Pintando, bordando, sujando a sala
Querendo passear comigo

[...]

(Disponível em: https://www.ouvirmusica.com.br/gabriel-gontijo/cancao-para-o-meu-cachorro/. Acesso em: 1/2/2021.)

OS SENTIDOS DO TEXTO

1 Nas duas primeiras estrofes, o eu lírico, isto é, a voz que fala na canção, faz duas perguntas.

a) Quem costuma seguir os passos dele na rua e brincar com ele na hora errada?

____

b) Por que os passos dele são seguidos "sem dar a mão"? Responda oralmente.

c) E por que ele diz que quem faz a brincadeira na hora errada não tem culpa? Comente com os colegas.

QUEM É GABRIEL GONTI?

Gabriel Gonti é um cantor e compositor mineiro, que aprendeu a tocar violão ainda criança com o pai dele, cantor amador. Representante de uma nova geração da Música Popular Brasileira, costuma divulgar suas canções em redes sociais, já participou de festivais de música e faz *shows* por todo o Brasil.

Jaromir Chalabala/Shutterstock

2 O emprego da palavra **você** indica que o eu lírico se dirige diretamente a alguém.

a) A quem ele se dirige?

____

b) O título confirma sua resposta anterior? Por quê? Explique oralmente.

c) Qual palavra da canção indica o sentimento que esse interlocutor desperta no eu lírico?

____

3 Releia estes versos:

"Bagunçando tudo"
"Pintando, bordando, sujando a sala"

a) Identifique quais ações são enumeradas nesses versos.

____

b) Duas dessas ações usadas na canção compõem uma expressão de sentido figurado. Qual é essa expressão?

( ) bagunçar e sujar

( ) bordar e sujar

( ) pintar e bordar

c) Qual é o sentido figurado da expressão que você marcou no item **b**?

____

d) Troque ideias com os colegas e o professor e responda oralmente: Essas ações ajudam o eu lírico, trazem benefícios a ele? E ele gosta das atitudes de seu interlocutor? Por quê?

4 O eu lírico se chateia com um pensamento.

a) Qual dos versos a seguir contém essa ideia?

( ) "Queria sempre te escutar"

( ) "Já não sei viver sem ter você"

( ) "Dói só de pensar em te perder"

( ) "Querendo passear comigo"

b) O que quer dizer, na canção, o verso "Sei que a hora vai chegar"?

____

____

c) Troque ideias com os colegas e o professor e conclua: Por que ele diz saber que a hora vai chegar?

____

____

____

5 A canção que você estudou tem algumas rimas. Por exemplo, qual palavra rima com **mão**? Escreva:

____

6 Releia a estrofe a seguir.

"A alegria sempre está
Quando se tem você
Queria sempre te escutar
E poder entender"

Jean Galvão/Arquivo da editora

a) Ouça novamente esse trecho da música e observe as rimas. Em seguida, pinte os dois pares de palavras que rimam entre si, um de vermelho e outro de azul.

b) Qual é a diferença na terminação escrita das palavras que compõem os pares pintados por você no item **a**?

____

____

c) Troque ideias com os colegas e o professor e responda oralmente: Essa diferença na letra da música também se apresenta na versão cantada? Explique.

d) Indique outros pares de palavras da canção em que é possível observar essa mesma diferença.

____

____

____

TROCANDO IDEIAS

O eu lírico conta sobre a relação dele com seu animal de estimação.

1. Você tem ou já teve um animal de estimação? Conte para os colegas.

2. Você faria uma canção como essa para o seu animal de estimação? Em que ela seria parecida com a canção que você estudou? E o que haveria de diferente?

DE OLHO NA ORALIDADE: CANTANDO CANÇÃO

Cantem, em conjunto, a "Canção para o meu cachorro". Vocês podem dividir a turma em cinco grupos e cada grupo canta uma estrofe.

Procurem enfatizar as palavras ao cantar, tornando a canção bem expressiva e condizente com os sentimentos do eu lírico. Façam gestos que contribuam para construir esses sentimentos, como girar os punhos e virar as palmas das mãos para cima ao perguntar "Quem é que", nas duas primeiras estrofes, ou apontar o dedo indicador para a frente ao pronunciar a palavra **você**, entre outras possibilidades.

Se quiserem, vocês podem também criar uma coreografia para acompanhar a canção.

REFLEXÃO SOBRE A LINGUAGEM

A CONCORDÂNCIA ENTRE VERBO E AGENTE

No capítulo anterior, você aprendeu que verbos são palavras que indicam ação e estado. Além disso, você viu que em algumas frases é possível identificar também quem pratica a ação do verbo. Neste capítulo, vamos aprender mais sobre isso e observar como os verbos se comportam nas frases.

Releia este trecho de "Canção para meu cachorro":

"Sei que a hora vai chegar
E quando eu te chamar, não vai estar lá
Pintando, bordando, sujando a sala
Querendo passear comigo"

Jean Galvão/Arquivo da editora

1 Identifique os termos que indicam quem pratica as seguintes ações.

a) "Sei":

( ) nós ( ) eu ( ) eles

b) "vai chegar"

( ) eu ( ) a hora ( ) o cachorro

c) "chamar"

( ) a hora ( ) eu ( ) o cachorro

d) "(não) vai estar"

( ) eu ( ) a sala ( ) o cachorro

2 Leia a seguinte frase, inspirada na letra da canção:

O cachorro bagunça a sala.

a) Circule o verbo.

b) Qual expressão da frase indica o agente da ação verbal?

____

c) Troque ideias com os colegas e o professor: Qual palavra da frase indica o objeto da ação verbal (quem sofre a ação) identificada por você no item **a**?

____

d) Reescreva as frases, adaptando o que for necessário segundo a norma-padrão e de acordo com as orientações a seguir.

- Trocar **o cachorro** por **os cachorros**:

  ____

- Trocar **o cachorro** por **eu**:

  ____

- Trocar **o cachorro** por **nós**:

  ____

3 Observe as mudanças no verbo nas diferentes frases que você reescreveu no item **d** da questão 2 e responda oralmente: Que alterações o verbo sofreu em cada substituição?

Como você observou, em uma frase que segue as regras da norma-padrão da escrita, os verbos devem estar em concordância com o agente da ação verbal. Veja os exemplos na página seguinte.

O cachorro bagunça a sala.
agente da ação verbal — verbo

Os cachorros bagunçam a sala.
agente da ação verbal — verbo

Eu bagunço a sala.
agente da ação verbal — verbo

Nós bagunçamos a sala.
agente da ação verbal — verbo

Você observou ainda que, nessas frases, a expressão **a sala** é o objeto da ação verbal **de bagunçar**, isto é, a **sala** corresponde ao que é **bagunçado**.

Leia este poema, de Elias José:

Os periquitos

Os periquitos
foram em bando
badernar no milharal.
Comeram tanto tanto
que até passaram mal.

Os periquitos
viram o espantalho,
mas nem tiveram o trabalho
de fingir qualquer susto.
Até zombaram da cara
e do tamanho do seu **busto**.

Um periquito mais gozador
bicou o espantalho no nariz
e saiu rindo o falador,
zombando do infeliz.

Os periquitos
verdes, azuis, amarelos,
azuis, amarelos, verdes
— que beleza! —
enchem de sons e cores
e luzes
a natureza.

(*Caixa mágica de surpresa*. São Paulo: Paulus, 1984.)

Biry Sarkis/Arquivo da editora

busto: parte do corpo que fica da cintura para cima.

4 O poema narra diversas ações.

a) Circule os verbos do poema.

b) Quem são os responsáveis por todas as ações narradas no poema?

____

5 Na frase "Os periquitos viram o espantalho":

a) Pinte o verbo.

b) Qual termo da frase é o agente da ação indicada por esse verbo? Escreva:

____

c) Qual termo da frase corresponde ao objeto da ação verbal, isto é, aquele que foi visto? Escreva:

____

6 Releia estes trechos do poema:

> "**Comeram** tanto tanto que até **passaram** mal"
> "nem **tiveram** o trabalho de fingir qualquer susto"
> "Até **zombaram**"

a) Quem é o agente das ações representadas pelos verbos em destaque? Como é possível saber?

____

____

b) Por que esse agente não está escrito nas frases desses trechos?

____

____

____

7 Complete as frases a seguir usando os mesmos verbos do poema, mas adequando-os aos novos agentes da ação verbal.

slowmotiongli/Shutterstock

a) O bando ____________ (ir) badernar no milharal.

b) Um periquito ____________ (ver) o espantalho.

c) Três periquitos ____________ (bicar) o espantalho no nariz.

d) O bando ____________ (encher) de sons e cores e luzes a natureza.

8 Releia o seguinte trecho, da terceira estrofe:

"e saiu rindo o falador"

a) Qual é o agente da forma verbal **saiu** nessa frase, isto é, quem saiu?

____

b) Passe a palavra **falador** para o plural, fazendo as adaptações necessárias. O verbo continuou no singular ou foi para o plural?

____

____

____

____

Leia o poema a seguir, de Mário Quintana, para responder às questões 9 a 11.

Das alianças desiguais

Gato do Mato e Leão, conforme o combinado,
Juntos ____________ (caçar) corças pelo mato.
As corças ____________ (escapar) Resultado:
Não ____________ (escapar) o gato.

(*Varal de poesia*. São Paulo: Ática, 2003. p. 40.)

Uma corça e seu filhote.

9 Junte-se a um colega e completem as lacunas com a forma correta do verbo indicado entre parênteses. Lembrem-se de que o verbo deve concordar com o agente da ação verbal.

10 No poema, o Gato do Mato e o Leão fizeram um combinado.

a) Qual foi o combinado?

____

____

b) Troque ideias com os colegas e o professor e responda oralmente: Esse combinado deu certo? Por quê?

11 Releia os três versos finais do poema e, considerando suas respostas às questões anteriores, conclua:

a) Quem é o agente do verbo **caçar**?

____

____

b) Qual expressão do poema corresponde ao objeto da ação de **caçar**?

____

c) Qual expressão indica o agente do verbo **escapar** no penúltimo verso?

____

Ao resolver os exercícios anteriores, você viu que, em frases como "e saiu rindo o falador" e "Não escapou o gato", o agente da ação verbal vem depois do verbo. Nessas situações, o verbo também concorda com o agente da ação verbal por ele indicado.

DE OLHO NA LEITURA E NA ESCRITA: A LETRA S E SEUS SONS

Com o auxílio dos colegas e do professor, leia o poema a seguir.

A lagarta

Hoje a lagarta
acordou **farta**
dessa vida de casulo.
E resolveu dar um pulo
no petshop do seu Onofre,
dizer como ela sofre
por não ter umas asinhas
mesmo que pequenininhas.
O Onofre, num gracejo,
respondeu sem **dardejo**:
— Suas asinhas serão lindas
mas não é tempo ainda
de voar livre no céu!
Palavras jogadas **ao léu**...
a lagarta decidida
já se sentia atraída
por um par de asas bem brilhantes
pensou só mais uns instantes
para arrumar a situação:
— Seu Onofre, quer dinheiro ou cartão?

Filipe Rocha/Arquivo da editora

ao léu: à toa, sem resultado.
dardejo: ofensa, agressividade.
farta: cansada, aborrecida.

(Cintia Alves. *Poemas e outros bichos*. São Paulo: Quatro Cantos, 2016. p. 3.)

1 O poema conta a história de uma lagarta.

a) Como a lagarta acordou nesse dia?

____

b) Por que a lagarta sofria?

____

2 Releia estes versos:

"E resolveu dar um pulo
no petshop do seu Onofre"

a) O que quer dizer a expressão **dar um pulo**?

____

b) Deduza: O que a lagarta foi fazer no *petshop* do seu Onofre?

____

3 Seu Onofre e a lagarta conversam.

a) Qual sinal de pontuação marca no poema a fala do seu Onofre? Circule-o no poema.

b) A resposta dele atende à vontade da lagarta? Justifique oralmente.

c) A lagarta aceita a consideração do seu Onofre?

____

d) Indique o verso que confirma sua resposta do item **c**.

◯ "Mas não é tempo ainda"

◯ "Palavras jogadas ao léu"

◯ "Para arrumar a situação"

e) Copie a fala da lagarta que aparece diretamente no poema.

____

____

4 Pronuncie as palavras abaixo em voz alta e compare os sons da letra **s**.

casulo   sofre

Filipe Rocha/Arquivo da editora

a) Em qual das palavras a letra **s** tem o som "cê"?

____

b) Em qual das palavras a letra **s** tem o som "zê"?

____

c) Em **sofre**, a letra **s** está no início ou no fim da palavra?

____

d) Em **casulo**, a letra **s** está no início ou no meio da palavra?

____

e) Em **casulo**, a letra **s** está entre vogais ou entre consoantes?

____

5 Pronuncie em voz alta estas outras palavras:

dessa   resolveu

a) Nas duas palavras, as letras **ss** e **s** estão entre vogais ou entre consoantes?

____

b) Em qual palavra a letra **s** tem o som "zê"?

____

c) Por que na outra palavra o som é "cê"?

____

6 Escreva duas outras palavras do poema iniciadas com a letra **s**.

____

7 Escreva duas outras palavras do poema nas quais a letra **s** está entre vogais e têm o som "zê".

____

8 Escreva o nome de cada figura. **Dica:** todos os nomes contêm a letra **s**.

Rvector/Shutterstock

Aga Es/Shutterstock

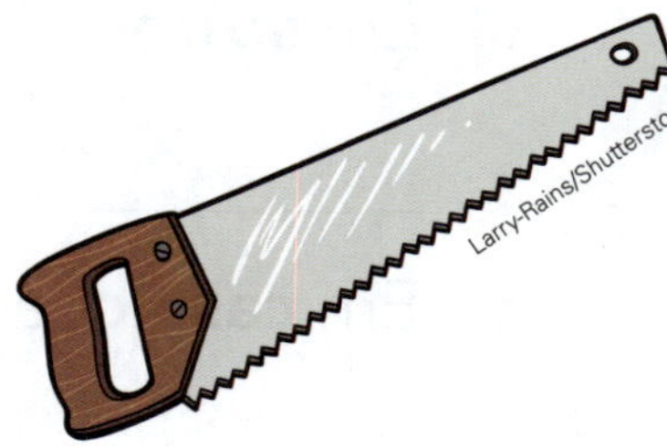

Larry-Rains/Shutterstock

Christopher Hall/Shutterstock

Volosovich Igor/Shutterstock

Jr images/Shutterstock

9 Agrupe nas asas de cada borboleta as palavras que você escreveu na questão 8, de acordo com o som da letra **s**.

Ilustra Cartoon/Arquivo da editora

BRINCANDO COM PALAVRAS

1 Um vento forte bateu no poema abaixo e levou algumas palavras. Junte-se a um colega e leiam, no quadro, as palavras que o vento levou. Depois, completem o poema e leiam-no.

segundos	sonhos	sol	usina	pousamos

Fabrico bolha de sabão
mais leve que a luz.
Saímos da Terra numa tarde azul
rumo aos últimos raios de __________.

Voamos mais rápido que o tempo,
em __________ atravessamos o firmamento
e __________ no mar lilás
de um planeta ainda não descoberto.

Minha bolha-barco flutua,
fecho os olhos e um vento musical
me leva numa lenta dança
até a __________ de todos os __________.

Biry Sarkis/Arquivo da editora

(Roseana Murray. *Fábrica de poesia*. São Paulo: Scipione, 2008. p. 7.)

2 A viagem feita em bolha-barco é real ou acontece na imaginação?

____

3 Você também já se imaginou fazendo uma viagem pelo espaço em uma bolha de sabão ou em uma pipa? Se sim, conte para os colegas como foi.

4 Complete os nomes com as sílabas que faltam:

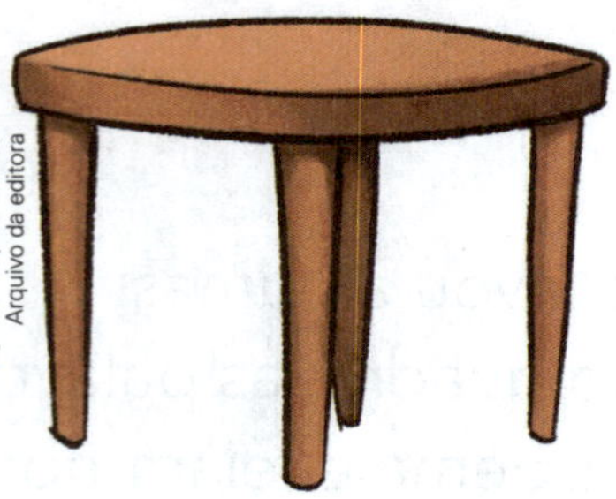

Ilustrações: Felipe Camêlo/ Arquivo da editora

Anait/Shutterstock

me______ ______cador ______po

5 Para descobrir algumas curiosidades sobre as espécies do mundo animal, encaixe os pares de quebra-cabeças, ligando corretamente as peças da coluna da direita aos agentes da ação verbal indicados em cada uma delas, que estão na coluna da esquerda.

Dica: preste atenção nas formas verbais e veja com quais agentes elas combinam.

Muitas espécies	são estudiosos que dão nomes às espécies.
Uma espécie	recebem nomes populares, como suçuarana, lobo-guará ou piranha-vermelha.
Os taxonomistas	são descobertas pelos cientistas todos os anos.
Um único cientista	ganha nomes científicos, formado por duas palavrinhas, como *Caligo brasiliensis*, nome de um dos milhares de espécies de borboletas.
18 mil novas espécies de seres vivos	temos muitas espécies novas para descobrir.
A maioria das espécies	descobriu mais de 100 espécies diferentes de besouros de uma só vez!
Nós	é um grupo de indivíduos com características comuns entre si e diferentes de outros grupos.

PRODUÇÃO DE TEXTO

A CARTA PARA VEÍCULOS DE MÍDIA

Leia a carta a seguir.

Melhor amigo

Sigma_S/Shutterstock

Olá pessoal da CHC, tudo bem? Espero que sim. Quero dizer que li e gostei muito do texto **Esperto pra cachorro**, achei interessante este tema. Aliás, eu acabei de ganhar um cachorro e quero saber mais sobre este assunto. Peço que publiquem mais matérias sobre cachorros. Tenho certeza de que todas as pessoas que têm cachorro em casa vão gostar de aprender sobre seu melhor amigo. Tomara que gostem da minha carta. Um grande abraço.

Miguel G. F. Guaçu/SP

Oi, Miguel! Adoramos sua carta e anotamos a sua sugestão! Escreva sempre. Abraços!

(Disponível em: http://chc.org.br/artigo/fala-aqui-316/. Acesso em: 2/1/2021.)

1 As cartas geralmente apresentam os seguintes itens:

- local e data no alto da folha
- o nome do destinatário (a pessoa a quem a carta é enviada)
- o assunto principal
- despedida
- nome ou assinatura do remetente (a pessoa que está enviando a carta)

a) Na carta lida, há data? Considerando onde ela foi publicada, troque ideias com os colegas e o professor e responda oralmente: Por quê?

b) Quem é o remetente, ou seja, quem escreveu a carta? Onde ele mora?

____

c) Quem é o destinatário, ou seja, para quem a carta foi escrita? De que modo o destinatário foi identificado na carta?

____

d) Converse com os colegas e o professor e deduza:

- O remetente é:

◯ um adulto. ◯ uma criança.

- O destinatário é:

◯ uma pessoa querida.

◯ um meio de comunicação.

e) Qual é o assunto, ou o tema, da carta?

____

____

f) Que palavra ou expressão foi usada como despedida?

____

2 A carta lida é uma carta de leitor. Nela, o remetente faz um comentário e uma solicitação ao destinatário.

a) O que ele comenta?

____

____

b) Pinte o trecho da carta no qual é feito o comentário.

c) E o que ele solicita?

____

____

d) Sublinhe o trecho da carta no qual é feita a solicitação.

3 Qual adjetivo o remetente utiliza na carta para indicar a opinião dele sobre o tema da matéria que ele comenta?

____

4 Ao fazer uma solicitação, o remetente apresenta argumentos para convencer seus leitores, isto é, enumera motivos ou razões que o levaram a escrever a carta e a fazer o pedido, tentando mostrar que eles são importantes.

a) Qual motivo levou Miguel a querer saber mais sobre o assunto?

____

b) Copie do texto a informação que Miguel utiliza para justificar o pedido dele. Em seguida, responda oralmente: Por que esse motivo também é importante para a revista?

____

____

____

5 Quando escrevemos uma carta pessoal, ou seja, para familiares e amigos, costumamos utilizar uma linguagem simples, como a que empregamos em nosso dia a dia. Quando escrevemos uma carta de leitor, essa linguagem pode variar mais.

a) A linguagem da carta lida se parece com a que empregamos em situações simples do nosso dia a dia?

____

b) Quais dos termos a seguir, utilizados na carta, justificam sua resposta ao item **a**? Marque com um X:

( ) "Olá, pessoal"
( ) "Aliás"
( ) "Quero dizer"
( ) "Tenho certeza"

c) Essa carta de leitor tem uma linguagem semelhante à de uma carta pessoal? Levante hipóteses e responda oralmente: Por que isso ocorre?

6 Ligue cada uma das expressões a seguir à casinha correta, considerando a indicação de maior ou menor proximidade entre os interlocutores de uma carta.

- Querido(a)(s)
- Prezado(a)(s)
- Caro(a)(s)
- Pessoal/Galera
- Beijos
- Atenciosamente
- Cordialmente
- Saudades

Ilustra Cartoon/Arquivo da editora

7 Troque ideias com os colegas e o professor e indique, entre os itens a seguir, quais contribuem para definir as características da linguagem utilizada em uma carta de leitor.

- ◯ O tipo de veículo ao qual a carta se destina.
- ◯ O dia e o horário em que a carta foi escrita.
- ◯ A idade do remetente.
- ◯ A cidade onde o remetente está quando escreve a carta.

8 Agora, com os colegas e o professor, indique as principais características de uma carta de leitor.

____

____

____

____

____

____

____

AGORA É A SUA VEZ

Ao final desta unidade, você e os colegas vão lançar uma campanha relacionada ao bem-estar animal. A seguir, há duas propostas de produção de carta de leitor. Combine com o professor a melhor forma de realizá-las.

1. Criação em grupo

Leia a seguir um trecho de uma reportagem.

Saúde animal: cortar o rabo dos cães é crime

05/12/2020
Entre Patas

Criadores também são afetados pela lei.

Sigma_S/Shutterstock

Desde 2013, quando o Conselho Federal de Medicina Veterinária publicou a Resolução nº 1027, cortar rabo de cachorro passou a ser crime.

[...]

É bom ressaltar que a caudectomia — como é chamado o procedimento — é proibida quando feita apenas para fins estéticos. Em casos como acidentes ou tumores na região, por exemplo, a prática pode ser feita, mas somente com o aval do veterinário [...].

[...]

Por ser um procedimento puramente estético, a caudectomia é desnecessária e deve ser evitada. Além de dor e sofrimento nos cães, a prática causa outros problemas, como veremos a seguir:

Complicações no equilíbrio dos cães

A cauda é um prolongamento da coluna vertebral e possui terminações nervosas que influenciam todo o organismo do animal. Sendo assim, a caudectomia causa desequilíbrio nos cães.

Interferência na comunicação

Os cães utilizam a cauda para comunicação entre si e com seus donos. Através do movimento e posição dela, podem expressar alegria, dominância, medo e submissão.

[...]

Fonte: Valle da Mídia.
(Disponível em: https://www.odebate.com.br/entre-patas/saude-animal-cortar-o-rabo-dos-caes-e-crime.html. Acesso em: 2/2/2021.)

Junte-se a dois colegas e escrevam uma carta de leitor endereçada ao jornal *O Debate*, responsável pela reportagem, comentando o texto lido: vocês podem elogiar ou criticar a matéria, fazer comentários a respeito dessa prática, fazer sugestões para outras reportagens, entre outras questões que julguem relevantes.

2. Criação individual ou em dupla

Pesquise em jornais e revistas notícias e reportagens que abordem a relação entre os seres humanos e os animais. Caso ao longo desta unidade, para a organização da campanha, você já tenha lido algum texto jornalístico sobre animais e queira escrever sobre ele, também é possível.

Após selecionar o texto jornalístico, escreva uma carta de leitor endereçada ao meio de comunicação responsável por ele. Para elaborar a carta de leitor, pense sobre questões como: Você já conhecia as informações do texto? Acha que elas são importantes? Por quê? Tem alguma sugestão para que esse veículo de imprensa publique matérias sobre outro tema de seu interesse?

PLANEJAMENTO DO TEXTO

Para escrever sua carta, siga estas orientações:

- Escreva o nome da cidade e a data.
- Inicie a carta com uma saudação adequada e pense na relação que você pretende estabelecer com o meio de comunicação para o qual está escrevendo.
- Mantenha a linguagem do texto de acordo com a relação estabelecida entre você e o destinatário: mais simples, mais próxima/informal ou mais elaborada, menos próxima, mais formal.

- Indique a reportagem que você pretende comentar: qual o título, quando ou em qual edição foi publicada, qual é o assunto que ela aborda.
- Exponha sua opinião sobre o assunto e sobre a forma como ele foi abordado na reportagem comentada: faça elogios e/ou críticas ao texto e justifique seu ponto de vista com argumentos.

Jean Galvão/Arquivo da editora

- Caso pretenda fazer alguma solicitação, seja direto e justifique o pedido com argumentos convincentes, que despertem o interesse do destinatário.
- Para finalizar, escreva uma expressão de despedida adequada e assine (coletiva ou individualmente).

REVISÃO E REESCRITA

Antes de passar sua carta de leitor a limpo, verifique:

- Ela apresenta local e data?
- Ela contém uma saudação adequada?
- O destinatário está claramente identificado?
- A reportagem ou notícia comentada está claramente identificada?
- Seu comentário e/ou solicitação estão expressos com clareza?
- Há bons argumentos que justifiquem tanto seu ponto de vista sobre o texto comentado quanto sobre o pedido feito?

- A expressão de despedida está adequada e a assinatura está correta?
- A linguagem está adequada à situação de comunicação?

Depois de feitas as correções, passem as cartas a limpo. A carta da segunda proposta pode ser enviada diretamente ao meio de comunicação responsável, pela internet ou pelo correio. Vocês também podem fazer cópias das reportagens comentadas e das cartas para expor no dia do lançamento da campanha, mostrando ao público que a carta de leitor pode ser uma importante ferramenta para que um cidadão possa expor sua opinião e defender seu ponto de vista sobre determinado tema.

DIVIRTA-SE

Desafio

Será que você consegue completar o desenho do cachorrinho?
Dica: atenção para os traços em relação a cada quadro.

Armation/Shutterstock

OFICINA DE CRIAÇÃO

PROJETO: CAMPANHA *É O BICHO!*

Nesta unidade, você e os colegas leram textos sobre animais e conversaram sobre suas experiências e a relação de vocês com os bichos. Ao longo dos capítulos, vocês planejaram a realização da campanha **É o bicho!**, produzindo textos instrucionais multimodais, anúncios de divulgação e cartas de leitor. Agora, a turma vai organizar o material produzido e colocar a campanha em prática. Essa ação pode levar muitas pessoas a mudar a visão delas sobre os animais.

1. Convite

Com a ajuda do professor, definam como vão convidar o público para o lançamento da campanha: vocês podem fazer novos anúncios, informando o dia e o horário do evento e convidando as pessoas a participar.

Sharomka/Shutterstock

2. Mobilizando o público

- **Sensibilização**

Preparem a apresentação da "Canção para o meu cachorro", que vocês ensaiaram e cantaram em grupo no capítulo 3. Convidem o público para assistir à exibição.

- **O que podemos aprender e ensinar?**

No dia do lançamento da campanha, exponham os textos instrucionais multimodais que vocês produziram, a fim de mobilizar o público a se aproximar dos animais de alguma forma: vocês podem, por exemplo, reservar um espaço onde os convidados façam origâmis em formato de animais, seguindo os textos de vocês, para levar como lembrança para casa. Também podem criar um espaço com bichinhos de pelúcia para simular situações nas quais os convidados aprendam a interagir com diferentes animais.

Giz de Cera/Arquivo da editora

- **É hora da ação!**

Espalhem os cartazes de divulgação da campanha por todo o espaço do evento. Eles serão importantes para que o público, durante a visita, se sinta convidado e convencido da importância de aderir à ideia que vocês estão divulgando.

3. Faça ouvir a sua voz!

Preparem um ambiente sobre a importância da atuação cidadã em prol do bem-estar animal. Exponham os textos que vocês pesquisaram com as cópias das cartas de leitor que produziram. Se tiverem obtido resposta de algum dos meios de comunicação para os quais escreveram, exibam essa resposta com o merecido destaque.

Aproveitem para incentivar os convidados a também se posicionarem e argumentar em defesa de seus pontos de vista, especialmente quando se depararem com situações que prejudicam animais indefesos.

Giz de Cera/ Arquivo da editora

UNIDADE **4**

MORAL DA HISTÓRIA

Na unidade anterior, você aprendeu muita coisa sobre os animais que habitam nosso planeta. Nesta unidade, você vai conhecer histórias sobre bichos... Histórias que nos ensinam muitas lições, que emocionam e nos fazem pensar.

Cigarra moderna

Ci-ci-ci-ci-ci-ci
é a cigarra,
cantora de garra,
a melhor que já ouvi.

Ci-ci-ci-ci-ci-ci
é a cigarra,
a cantora mais bacana
que qualquer baiana
das estrelas daqui.

Ci-ci-ci-ci-ci-ci
voz que não desafina,
é a cantora mais fina
de todas daqui.

Cheia de brilho
e vidrilho
é a tal.
É o mais alto-astral,
a estrela que todo mundo vê.
O maior pique na tevê.

Mas houve um tempo
que era um inferno
passar no relento
todo o inverno.

Hoje, pra desfazer a lenda
e acabar com as intrigas,
dá parte de sua renda
pro sindicato das formigas.

(Elias José. *Lua no brejo com novas trovas*.
Porto Alegre: Projeto, 2007. p. 34.)

Roberto Weigand/Arquivo da editora

DIVIRTA-SE... E FIQUE POR DENTRO!

FILMES E VÍDEOS

Reprodução/YouTube

- *Festa no céu*, de Rita de Cácia Oenning da Silva.

  O filme é baseado na fábula "A festa no céu", que é contada às crianças em muitas comunidades indígenas do Brasil. Nesse filme, as crianças de Tunuí Cachoeira, comunidade que vive às margens do rio Içana, no Amazonas, fazem a encenação da fábula. A narração é feita na língua boniwa, com legendas em português.

Reprodução/Walt Disney Pictures Walt Disney Animation Studios

- Assista também aos filmes *Zootopia*, de Byron Howard e Rich Moore; *Cegonhas*, de Nicholas Stoller e Doug Sweetland; *Os pinguins de Madagascar*, de Simon J. Smith e Eric Darnell; *A era do gelo — O Big Bang*, de Mike Thurmeier e Galen T. Chu; *O bicho vai pegar*, de Jill Culton e Anthony Stacchi; *Um hotel bom pra cachorro*, de Thor Freudenthal; *Epa! Cadê o Noé?*, de Toby Genkel e Sean McCormack.
- No YouTube, no canal *Os amiguinhos*, há várias animações adaptadas de fábulas, como "O leão e o rato", "A cigarra e a formiga", "O sapo e o boi": https://www.youtube.com/watch?v=YJyy3VeTXFQ&t=59s.
- No *site Conta pra mim*, você encontra animações de fábulas com narração do compositor Toquinho: http://alfabetizacao.mec.gov.br/contapramim?_ga=2.87382303.649118348.1610028151-1508106830.1610028151#materiais.
- O escritor Pedro Bandeira declama algumas de suas fábulas em versos no canal *Contação de histórias — Fábulas palpitadas*: https://www.youtube.com/watch?v=Kr8jbcmLBWY&t=192s https://www.youtube.com/watch?v=AgQ_e4SFa4Y.

LIVROS

Reprodução/Editora Moderna

Vá à biblioteca da escola ou à biblioteca do bairro ou da cidade onde você mora e veja se os livros indicados a seguir estão disponíveis para empréstimo. Se não estiverem, selecione outros sobre o tema desta unidade.

- *Fábulas palpitadas*, de Pedro Bandeira (Moderna).
  Nesse livro, Pedro Bandeira reconta em versos doze fábulas de Esopo e apresenta uma nova fábula, de sua autoria. Cada fábula é acompanhada de um comentário.
- Leia também: *Fábulas de Esopo*, com organização de Russel Ash e Bernard Higton (Companhia das Letrinhas); *Fábulas de Esopo* e *Contos e fábulas de Charles Perrault* (Iluminuras); *Fábulas 1 e 2*, recontadas por Mary França (Ática); *Fábulas contemporâneas para crianças*, de Sérgio Capparelli (L&PM).

MÚSICAS

Reprodução/Ariola

- Ouça os CDs *Bichos esquisitos*, de Zeca Baleiro; *A arca de Noé*, 1 e 2; *Chico e Vinícius para crianças*.

SITES

- Baixe e leia gratuitamente as fábulas de Esopo, adaptadas por Joseph Shafan, em: www.dominiopublico.gov.br/pesquisa/DetalheObraForm.do?select_action=&co_obra=121614.
- Conheça fábulas em cordel acessando: https://www.youtube.com/watch?v=rvJnpbz8TJM e https://maribigio.com/2020/01/16/solucao-do-peixe-boi-cordel-cumulativo/.

OFICINA DE CRIAÇÃO

PROJETO: FÁBULAS DE ONTEM E DE HOJE

Participe das atividades de produção de um livro de fábulas e cordel e da realização de um sarau literário.

Giz de Cera/Arquivo da editora

CAPÍTULO 1

A ASTÚCIA E A RAPIDEZ

LEITURA DE IMAGEM

Observe a ilustração a seguir.

1 A ilustração da página anterior é de Arthur Rackham, artista inglês que viveu entre 1867 e 1939 e ficou muito conhecido por suas ilustrações de livros infantis. Nessa imagem, vemos seis espécies de animais. Alguns deles também vivem no Brasil e outros não.

a) Escreva o nome destes animais, que certamente você conhece:

Imagens: Reprodução/Editora Doubleday, Page && Company

b) Observe a foto destes animais:

Kamila Koziol/Shutterstock

CEGONHA

Mark Medcalf/Shutterstock

MARTA

meunierd/Shutterstock

PELICANO

altair/Shutterstock

DONINHA

Com quais deles as duas últimas figuras da pintura se parecem? Troque ideias com os colegas.

Imagens: Reprodução/Editora Doubleday, Page && Company

2 Note que, no primeiro plano da ilustração, a lebre está falando algo e apontando para alguém.

a) Com quem ela está falando?

____

b) Para quem ela aponta?

____

c) O que sugere o gesto de tapar a boca com a mão?

____

____

____

3 Os outros animais parecem estar interessados no que está acontecendo? Justifique sua resposta oralmente.

4 A tartaruga é bastante conhecida por algumas de suas características. Marque-as:

( ) lentidão
( ) orelhas longas
( ) casco duro
( ) longevidade
( ) rapidez

5 A lebre também é bastante conhecida por algumas características dela. Marque-as:

( ) lentidão
( ) orelhas longas
( ) casco duro
( ) longevidade
( ) rapidez

6 A ilustração em estudo foi feita para acompanhar uma fábula de Esopo bastante conhecida.

a) O nome da fábula está escrito a seguir, mas a divisão entre as palavras não foi feita. Tente descobrir o nome da fábula e reescreva-a corretamente.

ATARTARUGAEALEBRE

____

b) Você conhece essa fábula? Se sim, o que acontece nela que envolve as características desses dois animais? Conte para os colegas.

7 Nas fábulas, os animais são humanizados, pois eles representam os seres humanos. Que elementos da ilustração são próprios do mundo humano, e não do mundo animal?

____

____

____

DE OLHO NA ORALIDADE: ESCUTA E COMPREENSÃO DE FÁBULA ORAL

Feche o livro e escute a fábula "A tartaruga e a lebre", que o professor vai ler.

A tartaruga e a lebre

Uma tartaruga e uma lebre discutiam qual delas era a mais rápida. E, então, marcaram um dia e um lugar e se separaram. Ora, a lebre, confiando em sua rapidez natural, não se apressou em correr, deitou-se no caminho e dormiu. Mas a tartaruga, consciente de sua lentidão, não parou de correr e, assim, ultrapassou a lebre que dormia e chegou ao fim, obtendo a vitória.

A fábula mostra que, muitas vezes, o trabalho vence os dons naturais, quando estes estão negligenciados.

(Esopo. *Fábulas completas*. 2. ed. Tradução de Neide Smolka. São Paulo: Moderna, 2004. p. 189.)

Compare a fábula de Esopo com a ilustração de Arthur Rackham e responda oralmente às questões.

1. O que, na história que o professor leu, coincide com a ilustração?

2. O que não coincide?

3. Por que a lebre, sendo tão rápida, não venceu a corrida?

4. E por que a tartaruga, sendo tão lenta, venceu a corrida?

5. Nas fábulas geralmente existe uma **moral**, que aparece no final do texto e resume a ideia principal do texto ou a lição que ela pretende transmitir aos leitores. Releia a moral da fábula:

> *"A fábula mostra que, muitas vezes, o trabalho vence os dons naturais, quando estes estão negligenciados."*

a) Você sabe qual é o significado da palavra **negligenciados**? Com o auxílio do professor, consulte um dicionário e escreva o sentido da palavra:

___

___

b) Qual é o dom natural da lebre que foi negligenciado?

___

c) E qual foi a virtude da tartaruga que a levou à vitória?

___

REFLEXÃO SOBRE A LINGUAGEM

DE OLHO NA ESCRITA: O NÚMERO DE SÍLABAS DAS PALAVRAS — TONICIDADE DAS SÍLABAS

Leia esta fábula de Esopo:

O cão e a concha

Um cão que tinha o hábito de comer ovos viu uma concha. Abriu a boca e, não sem esforço, a engoliu. Sentindo então a barriga pesada e doendo, disse: "Isto me ensinou a não achar que tudo o que é redondo é ovo". *Reflita antes de agir a fim de não se ferir com estranhos espinhos.*

(*Fábulas de Esopo*. Porto Alegre: L&PM, 1999. p. 20.)

Biry Sarkis/Arquivo da editora

1 Na fábula, o cão aprende uma lição. Qual é essa lição?

____

____

____

2 Embora as fábulas geralmente contem histórias sobre bichos, elas sempre ensinam alguma coisa sobre os homens. Que tipo de ensinamento a fábula lida transmite aos seres humanos?

____

____

____

3 As palavras de nossa língua podem apresentar um número variado de sílabas. Identifique na fábula:

a) cinco palavras com uma única sílaba.

____

____

b) cinco palavras com duas sílabas.

____

____

c) cinco palavras com três sílabas.

____

____

____

d) Agora releia o texto e conclua: Há nele alguma palavra com mais de três sílabas?

____

4 Embora sejam mais raras, também existem em nossa língua palavras com mais de três sílabas. Conte o número de sílabas destas palavras e escreva:

a) tartaruga: ____________________

b) ultrapassou: ____________________

c) negligenciados: ____________________

d) separaram: ____________________

e) lindíssima: ____________________

f) paralelepípedo: ____________________

De acordo com o número de sílabas, as palavras se classificam em:

- **monossílabos:** palavras de uma única sílaba.
- **dissílabos:** palavras de duas sílabas.
- **trissílabos:** palavras de três sílabas.
- **polissílabos:** palavras formadas por mais de três sílabas.

Leia este poema, de Henriqueta Lisboa:

Segredo

Andorinha no fio
escutou um segredo.
Foi à torre da Igreja,
cochichou com o sino.

E o sino bem alto
delém-dem
delém-dem
delém-dem
delém-dem!

Toda a cidade
ficou sabendo.

Filipe Rocha/Arquivo da editora

(*In:* Vera Aguiar. *Poesia fora da estante*. Porto Alegre: Projeto, 1995. p. 54.)

5 A andorinha escutou um segredo no fio. Que tipo de fio você imagina que seja esse?

____

6 Na segunda estrofe, a palavra **delém-dem** se repete várias vezes, criando certa sonoridade. O que essa sonoridade sugere?

____

7 Identifique no poema:

a) um monossílabo: ______________________________

____

b) um dissílabo: ______________________________

____

c) um trissílabo: ______________________________

____

d) um polissílabo: ______________________________

____

SÍLABAS ÁTONAS E SÍLABAS TÔNICAS

1 Nas palavras da nossa língua que têm mais de uma sílaba, geralmente uma das sílabas é pronunciada com mais força e as outras são pronunciadas com menos força. Leia em voz alta as seguintes palavras do poema e circule a sílaba mais forte de cada uma.

a) escutou
b) segredo
c) andorinha
d) igreja
e) cochichou
f) sino
g) cidade
h) ficou
i) sabendo

A sílaba de uma palavra que é pronunciada com mais força é chamada de **sílaba tônica**. As demais sílabas da palavra são todas **átonas**, pois são pronunciadas com menos força.

Leia a tira:

(Alexandre Beck. *Armandinho Um*. Florianópolis: A. C. Beck, 2014. p. 65.)

2 Os planos de saúde são privados, isto é, são as pessoas que pagam para ter acesso a médicos e hospitais. Troque ideias com a turma: Por que a fala de Armandinho é engraçada e absurda?

3 Preencha o quadro a seguir com monossílabos, dissílabos e trissílabos extraídos da tira.

Monossílabos	Dissílabos	Trissílabos

4 Agora, observe o grupo de dissílabos e trissílabos que você escreveu na questão anterior. Circule, em cada uma dessas palavras, a sílaba tônica.

BRINCANDO COM PALAVRAS

Leia estes versos de cordel da poetisa Mari Bigio:

Solução do peixe-boi

Um enorme peixe-boi
Tirava um belo cochilo
Boiando acima no rio
Com seu semblante ______________
Quando algo aconteceu

E o seu corpo ______________
Vibrando quilo por quilo

E o que que seria aquilo?
Espasmo ______________
Que atrapalhou a soneca
De forma tão lamentável
"Não sei se espirro ou se ______________
deve ter sido um soluço
que coisa desagradável"
[...]

Biry Sarkis/Arquivo da editora

(Disponível em: https://maribigio.com/2020/01/16/solucao-do-peixe-boi-cordel-cumulativo/. Acesso em: 2/2/2021.)

1. Primeiro, tente descobrir qual das palavras do quadro a seguir completa adequadamente cada lacuna do texto. Para isso, fique atento(a) às rimas.

desconfortável	estremeceu	tusso	tranquilo

2. Depois de completar o texto, ligue com um traço, no poema, as palavras que rimam entre si.

3 Agora, resolva a cruzadinha, escrevendo palavras do poema. Para isso, use o que você aprendeu a respeito do número de sílabas das palavras.

HORIZONTAL

1. Polissílabo; sua sílaba tônica é a penúltima.

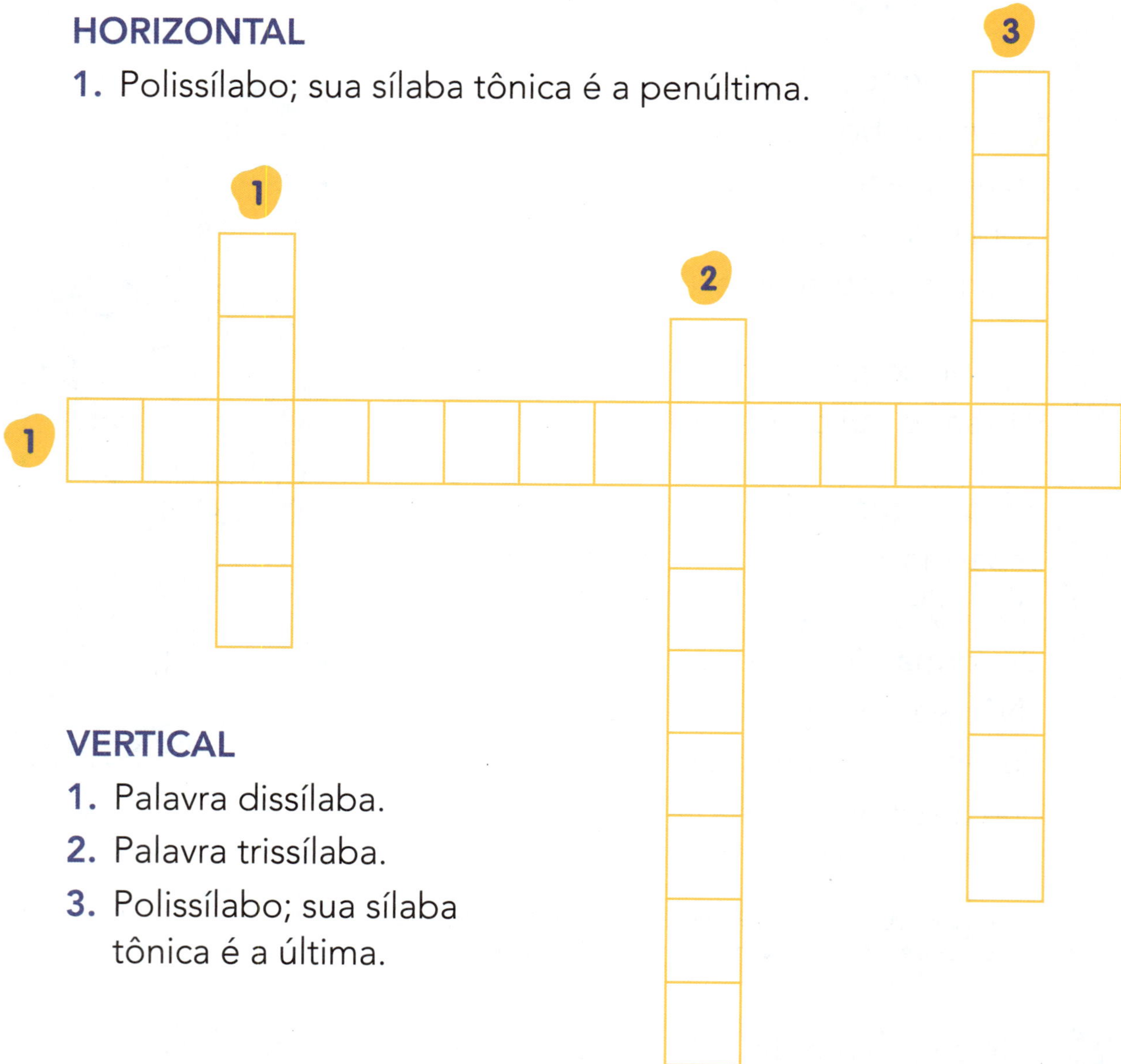

VERTICAL

1. Palavra dissílaba.
2. Palavra trissílaba.
3. Polissílabo; sua sílaba tônica é a última.

4 **O que é, o que é?**

Resolva estas charadas:

a) O que é que pode encher uma casa e, ao mesmo tempo, pesar menos que uma bola? Dicas: palavra trissílaba; substantivo.

____

b) Ninguém me vê, mas muita gente me ouve; só falo depois que alguém fala. Quem eu sou? Dicas: palavra dissílaba de três letras; substantivo; termina em **o**.

____

c) O que é surdo, mudo e cego, mas sempre diz a verdade? Dicas: palavra trissílaba; é um substantivo terminado em **o** e que nomeia um objeto que tem um papel importante na história da Branca de Neve.

____

d) Quem é que anda sempre com um nó no pescoço? Dicas: palavra trissílaba terminada em **a**; a sílaba tônica é a penúltima da palavra.

Ilustrações: Ilustra Cartoon/Arquivo da editora

____

5 Leia esta palavra, que é uma das maiores de nossa língua:

Otorrinolaringologista

Essa palavra dá nome a uma especialidade da Medicina. Do que cuida o **otorrinolaringologista**?

____

____

6 Pronuncie a palavra **otorrinolaringologista** em voz alta e devagar. Conte nos dedos cada sílaba que pronunciar.

a) Responda: quantas sílabas tem essa palavra?

b) Como ela se classifica quanto ao número de sílabas?

c) Qual é a sua sílaba tônica?

PRODUÇÃO DE TEXTO

A FÁBULA E O PARÁGRAFO

Vamos conhecer mais uma fábula? Leia este texto:

O sapo e o boi

Há muito, muito tempo existiu um boi **imponente**. Um dia o boi estava dando seu passeio da tarde quando um pobre sapo todo malvestido olhou para ele e ficou maravilhado. Cheio de inveja daquele boi que parecia o dono do mundo, o sapo chamou os amigos.

— Olhem só o tamanho do sujeito! Até que ele é elegante, mas grande coisa: se eu quisesse também era.

Dizendo isso o sapo começou a estufar a barriga e em pouco tempo já estava com o dobro do seu tamanho normal.

— Já estou grande que nem ele? — perguntou aos outros sapos.

— Não, ainda está longe! — responderam os amigos.

O sapo se estufou mais um pouco e repetiu a pergunta.

— Não — disseram de novo os outros sapos —, e é melhor você parar com isso porque senão vai acabar se machucando.

Mas era tanta a vontade do sapo de imitar o boi que ele continuou se estufando, estufando, estufando — até estourar.

Moral: Seja sempre você mesmo.

(Esopo. *Fábulas*. São Paulo: Companhia das Letrinhas, 1994. p. 14.)

imponente: grandioso, majestoso, importante.

Giz de Cera/Arquivo da editora

1 Qual era o desejo do sapo?

____

____

2 O que o sapo fez para tentar realizar seu desejo?

____

____

3 A moral da história é "Seja sempre você mesmo". O que ela ensina?

____

____

Observe que a fábula "O sapo e o boi" é dividida em partes, chamadas **parágrafos**.

Parágrafo é uma parte do texto que reúne um conjunto de ideias. Seu início é indicado pela mudança de linha e por um afastamento da margem.

Veja:

"— Olhem só o tamanho do sujeito! Até que ele é elegante, mas grande coisa: se eu quisesse também era.

Dizendo isso o sapo começou a estufar a barriga e em pouco tempo já estava com o dobro do seu tamanho normal."

4 Conte os parágrafos da fábula "O sapo e o boi", incluindo a moral. Quantos são eles?

____

5 Uma das razões para criar um novo parágrafo em um texto é a introdução de diálogo, ou seja, as falas dos personagens, que são marcadas por um travessão (—). Na fábula lida, quantos parágrafos de fala existem?

____

6 Observe na fábula "O sapo e o boi" os parágrafos que não são da fala dos personagens.

a) Quem conta a história?

____

b) Quantos parágrafos não reproduzem a fala dos personagens?

____

AGORA É A SUA VEZ

Ao final desta unidade, você e os colegas da turma vão produzir um livro de fábulas e de poemas. Além disso, vão participar de um sarau, no qual poderão apresentar ao público as produções de vocês. Para isso, vamos dar início ao trabalho de produção de textos.

1 Leia, a seguir, o início de uma fábula de Esopo. Dê continuidade a ela, observando qual é a moral da história. Escreva no caderno.

O ratinho da cidade e o ratinho do campo

Certo dia um ratinho do campo convidou seu amigo que morava na cidade para ir visitá-lo em sua casa no meio da relva. O ratinho da cidade foi, mas ficou muito chateado quando viu o que havia para jantar: grãos de cevada e umas raízes com gosto de terra.

— Coitado de você, meu amigo! — exclamou ele. — Leva uma vida de formiga! Venha morar comigo na cidade que nós dois juntos vamos acabar com todo o toucinho deste país!

E lá se foi o ratinho do campo para a cidade. O amigo mostrou para ele uma despensa com queijo, mel, cereais, figos e tâmaras. O ratinho do campo ficou de queixo caído. Resolveram começar o banquete na mesma hora. Mas mal deu para sentir o cheirinho: a porta da despensa se abriu e alguém entrou. Os dois ratos fugiram apavorados e se esconderam no primeiro buraco apertado que encontraram. Quando a situação se acalmou e os amigos iam saindo com todo o cuidado do esconderijo, [...]

Filipe Rocha/Arquivo da editora

(*Fábulas de Esopo*. São Paulo: Companhia das Letrinhas, 1994. p. 34.)

2 Vamos conhecer mais uma fábula de Esopo? Acompanhe a leitura que o professor vai fazer do texto.

A cigarra e as formigas

Num belo dia de inverno as formigas estavam tendo o maior trabalho para secar suas reservas de trigo. Depois de uma chuvarada, os grãos tinham ficado completamente molhados. De repente aparece uma cigarra:

— Por favor, formiguinhas, me deem um pouco de trigo! Estou com uma fome danada, acho que vou morrer.

As formigas pararam de trabalhar, coisa que era contra os princípios delas, e perguntaram:

— Mas por quê? O que você fez durante o verão? Por acaso não se lembrou de guardar comida para o inverno?

— Para falar a verdade, não tive tempo — respondeu a cigarra. — Passei o verão cantando!

— Bom... Se você passou o verão cantando, que tal passar o inverno dançando? — disseram as formigas, e voltaram para o trabalho dando risada.

Biry Sarkis/Arquivo da editora

Moral: Os preguiçosos colhem o que merecem.

(*Fábulas de Esopo*. São Paulo: Companhia das Letrinhas, 1994. p. 48.)

Neste capítulo, você já conheceu várias fábulas. São elas:

- "A tartaruga e a lebre"
- "O sapo e o boi"
- "O ratinho da cidade e o ratinho do campo"
- "A cigarra e as formigas"

Escolha uma dessas fábulas para recontar com suas palavras.

3 Você sabe que a moral da fábula resume as ideias principais dela. Por meio da moral, é possível imaginar o que acontece em muitas fábulas. Leia, a seguir, estas morais de fábulas contadas por La Fontaine:

- "Não se deve temer nenhum rival
  Sem conhecê-lo de antemão:
  Alguém que nos parece ser fatal
  Só é, às vezes, fanfarrão."

  (O galo e o peru. *In:* Charles Perrault . *Contos e fábulas*. São Paulo: Iluminuras, 2007. p. 142.)

- "Um rival contra nós está sempre raivoso:
  Confiar nele é sempre perigoso;
  Por maior a amizade que vos prometer,
  O que ele mesmo quer é vos comer."

  (O galo e a raposa. *Idem*, p. 137.)

Escolha uma dessas morais e escreva uma fábula que tenha como final a moral que você escolheu.

PLANEJAMENTO DO TEXTO

- Organize o texto em parágrafos, formando grupos de ideias.
- Ao introduzir uma fala de personagem, mude de parágrafo e, ao retomar a voz do narrador, faça nova mudança de parágrafo.
- Use travessões (—) nos diálogos, ou seja, no início das falas de personagens.
- Escreva a moral da fábula em um parágrafo independente.

REVISÃO E REESCRITA

Releia a sua fábula antes de passá-la a limpo, verificando se:

- Os parágrafos estão divididos de forma adequada.
- Você deixou um espaço entre a margem e o começo do parágrafo.
- Cada parágrafo reúne um conjunto de ideias.
- Há falas de personagens, elas iniciam um novo parágrafo.
- Os diálogos estão indicados por travessões.
- A moral resume bem o ensinamento que a fábula apresenta.

Depois de revisada, passe a sua fábula a limpo e guarde-a para compor o livro que será montado na **Oficina de criação**.

DIVIRTA-SE

(Fernando Gonsales. *Folha de S.Paulo*, 22/12/2013.)

CAPÍTULO 2

ENTRE O DESEJO E O DESDÉM

LEITURA

Você vai ler, a seguir, dois textos: o primeiro é do escritor francês La Fontaine; o segundo são quadrinhos de Mauricio de Sousa.

TEXTO 1

A raposa e as uvas

Uma raposa esperta
Nascida entre **videiras**
Faminta, caçava, alerta
Quando viu uma parreira.

Os cachos de uvas gostosas
Maduras, apetitosas,
A raposa se animou:
"Minha fome acabou!"

Mas era alta a parreira
Bem alta, pode esquecer...
Sem dar o braço a torcer
Disse a raposa **matreira**:

"Estão verdes, muito duras
Azedas, não gosto, não!"
(Mas seriam gostosuras
Se estivessem à mão...)

(*O melhor de La Fontaine*. Tradução e adaptação de Nílson José Machado. São Paulo: Escrituras, 2012. p. 64.)

Jean Galvão/Arquivo da editora

matreiro: esperto, experiente.
videira: pé de uva; parreira.

TEXTO 2

(Mauricio de Sousa. *Cebolinha.*)

OS SENTIDOS DOS TEXTOS

1 O texto 1, de La Fontaine, é uma fábula escrita em versos. Nela, uma raposa está caçando, faminta. Sem ter encontrado caça, como ela pretende matar a fome?

___

___

QUEM SÃO LA FONTAINE E MAURICIO DE SOUSA?

La Fontaine (1621-1695) foi um escritor francês que ficou conhecido internacionalmente pelas fábulas que publicou em 1668, com o título *Fábulas escolhidas*.

Mauricio de Sousa nasceu em Santa Isabel, no interior de São Paulo, em 1935, e começou a trabalhar com histórias em quadrinhos em 1959. Desde então, tornou-se conhecido em todo o Brasil e até fora do país. As histórias da Turma da Mônica já foram adaptadas para o cinema e seus filmes podem ser encontrados na internet.

2 Quando a raposa afirma "Minha fome acabou!", ela quer dizer que ela já comeu as uvas e matou a fome, ou que pretende comê-las para matar a fome?

____

____

____

3 A raposa encontra um obstáculo. Qual é ele?

____

4 "Sem dar o braço a torcer", a raposa diz que as uvas "estão verdes, muito duras".

a) O que quer dizer "Sem dar o braço a torcer"? Marque:

( ) Dando-se por vencida.

( ) Sem voltar atrás.

b) Se as uvas estavam "gostosas, maduras, apetitosas", por que, então, a raposa afirma que elas estão verdes?

____

____

5 Qual das frases abaixo traduz a ideia principal da fábula?

( ) A mentira tem pernas curtas.

( ) Quem não tem, despreza o que deseja.

( ) Quem não tem o que deseja, sente inveja dos outros.

6 Na tira de Mauricio de Sousa, Cebolinha também pretende alcançar um cacho de uvas. Qual é a dificuldade dele?

____

____

7 Observe o último quadrinho.

a) Cebolinha alcançou as uvas? Justifique sua resposta.

____

____

b) Na tira, as uvas realmente estavam maduras?

____

8 Compare a fábula de La Fontaine com os quadrinhos de Mauricio de Sousa. Marque com um X as afirmações verdadeiras sobre os dois textos.

◯ Na fábula, a raposa alcança as uvas; nos quadrinhos, Cebolinha não alcança.

◯ Na fábula, a raposa não alcança as uvas; nos quadrinhos, Cebolinha alcança.

◯ Na fábula, as uvas estão verdes; nos quadrinhos, elas estão maduras.

◯ Na fábula e nos quadrinhos, as uvas estão maduras.

◯ A raposa desdenha das uvas por não alcançá-las; Cebolinha não.

A LINGUAGEM DOS TEXTOS

1 Observe o emprego das aspas (") neste trecho:

Jean Galvão/Arquivo da editora

> Disse a raposa matreira:
> "Estão verdes, muito duras
> Azedas, não gosto, não!"

a) De quem é a afirmação do primeiro verso — "Disse a raposa matreira": da raposa ou do narrador (aquele que conta a história)?

____

b) Quem faz a afirmação "Estão verdes, muito duras / Azedas, não gosto, não!"?

____

c) Conclua: Por que foram empregadas aspas na segunda afirmação?

____

____

2 Encontre no texto outra fala da raposa que tenha sido marcada com aspas.

____

3 Por ser narrada na forma de versos, a fábula de La Fontaine apresenta estrofes, versos e rimas.

a) Quantas estrofes (grupo de versos) a fábula tem?

____

b) Quantos versos há em cada estrofe?

____

c) Identifique e ligue no poema as palavras que rimam entre si. Veja o exemplo ao lado:

"Uma raposa **esperta**
Nascida entre videiras
Faminta, caçava, **alerta**"

TROCANDO IDEIAS

Conforme você já sabe, os personagens das fábulas geralmente são animais que representam os seres humanos, seus pensamentos e suas ações. Então, converse com os colegas:

1 O que a fábula "A raposa e as uvas" ensina aos seres humanos?

2 Você já sentiu vontade de desdenhar de alguma coisa que queria muito, só porque não podia tê-la, ou já presenciou alguma situação desse tipo?

DE OLHO NA ORALIDADE: LEITURA EXPRESSIVA DE FÁBULA

Junte-se a um colega e façam uma leitura expressiva da fábula "A raposa e as uvas", de La Fontaine. Procedam da seguinte forma:

- Numerem de 1 a 4 as estrofes da fábula.
- Comecem a ler: você e o colega leem juntos o título da fábula e o nome do autor.
- As estrofes devem ser lidas alternadamente: um de vocês lê as estrofes 1 e 3; o outro lê as estrofes 2 e 4.
- Quando houver uma vírgula, façam uma pausa. Quando houver um ponto, façam uma pausa maior.
- Nas falas da raposa, leiam a primeira com animação e a segunda com desprezo.

Quando a leitura ficar boa, apresentem para a turma.

Giz de Cera/Arquivo da editora

REFLEXÃO SOBRE A LINGUAGEM

PONTUAÇÃO

PONTO, PONTO DE INTERROGAÇÃO, PONTO DE EXCLAMAÇÃO

Leia esta fábula:

O mosquito e o touro

Um mosquito pousou no chifre de um touro e ficou ali um bom tempo. Quando ia sair, perguntou ao touro:

— Queres mesmo que eu vá embora?

O touro respondeu:

— Assim como não senti sua chegada, não vou sentir sua partida.

Aqui ou **alhures**, o insignificante não causa nem o bem nem o mal a ninguém.

(Esopo. *Fábulas*. Porto Alegre: L&PM, 1999. p. 78.)

Biry Sarkis/Arquivo da editora

alhures: em outra parte ou outro lugar.

1 Circule a moral da fábula.

2 No último parágrafo, lemos:

"[...] o insignificante não causa nem o bem nem o mal a ninguém."

a) A palavra **insignificante** foi formada desta forma: **in- + significante**. O que essa palavra significa?

____

b) Explique: Na história, o que ou quem é "insignificante"?

____

____

____

3 Quando falamos, nossa voz apresenta uma melodia ou entonação que ajuda os ouvintes a entender o que queremos dizer. Na escrita, usamos os sinais de pontuação para dar ideia de melodia ou entonação. Observe estes sinais de pontuação empregados no texto:

- ponto = .
- ponto de interrogação = ?

a) Que sinal de pontuação foi usado na fala do mosquito para indicar que ele fez uma pergunta?

____

b) E que sinal de pontuação foi usado na fala do touro para indicar que ele respondeu tranquilamente, com segurança?

____

4 Compare estas três frases:

- O mosquito disse que vai embora.
- O mosquito disse que vai embora!
- O mosquito disse que vai embora?

Biry Sarkis/Arquivo da editora

Agora, pinte:

a) de **vermelho** a frase em que alguém quer saber se o mosquito disse que iria embora;

b) de **azul** a frase em que alguém está afirmando que o mosquito disse que iria embora.

c) de **verde** a frase em que alguém dá ênfase à notícia de o mosquito ter dito que iria embora.

5 Sobre o emprego dos sinais de pontuação, conclua:

a) Quando se **usa o ponto** (**.**)?

____

____

b) Quando se usa o **ponto de interrogação** (**?**)?

____

____

____

c) Quando se usa o **ponto de exclamação** (**!**)?

____

____

____

6 O ponto de exclamação ajuda a expressar emoções por meio da escrita. Observe as frases a seguir e ligue as duas colunas, deduzindo o tipo de emoção que esse sinal de pontuação pode ajudar a expressar em diferentes situações.

— Oba! Ganhei na loteria!	surpresa
— Nossa! Você por aqui!	alegria
— Eca! Que horrível!	desespero
— Socorro! Socorro!	nojo

7. No poema abaixo, foram suprimidos os pontos de exclamação (!) e os pontos de interrogação (?). Leia-o e coloque esses sinais onde for conveniente.

A tempestade

Trovões,
Raios,
Relâmpagos...
Anunciaram
A tempestade
Mas o que houve
O que aconteceu
Se na verdade
Nem mesmo
Uma chuvinha
Choveu...

Trovões,
Raios,
Relâmpagos...
Meu Deus,
Para que tanto
Escarcéu
Já sei
Vai ver faltou
Água
Na caixa-d'água
Do céu

(Alexandre Azevedo. *Poeminhas fenomenais*. São Paulo: Atual, 2000. p. 14.)

Jean Galvão/Arquivo da editora

Leia a história em quadrinhos a seguir, na qual aparecem Gaturro e Ágata, personagens de Nik.

(*Gaturro*. Cotia-SP: Vergara & Riba, 2008. v. 2, p. 57.)

8 O que Gaturro pretendia fazer quando perguntou a Ágata "Cara ou coroa?"?

____

9 O que indica que Ágata foi esperta?

____

____

10 No último quadrinho, Gaturro diz: "Para mim saiu cara!!". A palavra **cara** tem dois sentidos na história. Marque-os.

◯ o rosto desenhado na moeda

◯ o nome de uma revista

◯ preço alto

11 No 1º quadrinho, por que a fala de Gaturro — "**Ágata!!**" — foi escrita com dois pontos de exclamação?

____

____

____

12 No 2º quadrinho:

a) Por que há um ponto de interrogação na fala de Gaturro?

____

____

____

b) E por que há um ponto no final da resposta de Ágata?

____

____

13 Em cada um dos dois últimos quadrinhos, são empregados dois pontos de exclamação. Ligue as duas colunas, mostrando o que o sinal ajuda a expressar em cada quadrinho.

"Tchau, vou comprar alguma coisa!!"	decepção
"Efetivamente... Para mim saiu cara!!"	alegria
	desespero
	nojo

DOIS-PONTOS E TRAVESSÃO

Em fábulas e contos, é comum haver mais de uma voz: a voz do narrador — aquele que conta a história — e a voz ou as vozes dos personagens.

Releia a fábula "O mosquito e o touro", observando as vozes do texto:

O mosquito e o touro

Um mosquito pousou no chifre de um touro e ficou ali um bom tempo. Quando ia sair, perguntou ao touro:

— Queres mesmo que eu vá embora?

O touro respondeu:

— Assim como não senti sua chegada, não vou sentir sua partida.

Aqui ou alhures, o insignificante não causa nem o bem nem o mal a ninguém.

(Esopo. *Fábulas*. Porto Alegre: L&PM, 1999. p. 78.)

Biry Sarkis/Arquivo da editora

1 Identifique as vozes presentes no texto:

a) Pinte de **verde** a frase que expressa a voz do mosquito.

b) Pinte de **vermelho** a frase que expressa a voz do touro.

c) Pinte de **amarelo** todos os trechos que expressam a voz do narrador.

2 Para introduzir a voz dos personagens, geralmente são empregados dois sinais de pontuação.

a) Quais são eles?

____

b) Na frase, em quais posições eles são empregados?

____

____

____

3 Na fala do narrador, antes de dois-pontos, pode haver um verbo que expressa o que o personagem está fazendo. Por exemplo:

"Quando ia sair, [o mosquito] **perguntou** ao touro:"

Volte ao trecho e responda: Que forma verbal é empregada no texto para introduzir a fala do touro?

____

4 Leia esta anedota:

Um caracol visita um de seus amigos e diz a ele bem devagar:

— Você tem meia hora para mim?

O outro responde lentamente:

— Tenho sim! Por quê?

O primeiro responde, mais devagar ainda:

— Porque eu queria falar uns cinco minutos com você.

(Fabrice Lelarge (org.). *365 piadas — Para crianças a partir dos 7 anos*. Barueri-SP: Girassol, 2006.)

Jean Galvão/Arquivo da editora

5 Um caracol diz a outro que quer falar com ele por uns cinco minutos. Por que, então, o primeiro caracol perguntou se o outro tinha meia hora para ele?

____

____

____

____

6 Na piadinha, há um diálogo entre dois caracóis. Releia este trecho:

"O outro responde lentamente:
— Tenho sim! Por quê?"

a) Na fala do narrador, no trecho, que verbo indica que o segundo caracol ia responder?

____

b) Que sinal de pontuação aparece no fim da fala do narrador e antes do início da fala do personagem, no trecho?

____

c) Esse sinal de pontuação foi empregado no fim da fala do narrador e antes do início de fala de personagem em quais outras situações do texto?

____

____

d) Que sinal de pontuação introduz, no texto, a fala dos personagens?

____

Leia esta outra piadinha:

O dentista diz a Nicolau que vai arrancar seu dente cariado.
— Eu não quero! — grita o menino.
— Veja o lado bom das coisas — diz a mãe. — Esta noite você vai ter um dente a menos para escovar.

(*Idem.*)

Jean Galvão/Arquivo da editora

7 Na piadinha, o narrador deixa claro que o menino gritou.

a) A expressão **grita o menino** foi utilizada pelo narrador antes ou depois da fala do garoto?

____

b) Que sinal de pontuação separa a fala do garoto e a fala do narrador?

____

c) A expressão **diz a mãe** foi utilizada pelo narrador antes, no meio ou depois da fala da mulher?

____

8 Na anedota a seguir, faltam dois pontos finais, um ponto de interrogação e quatro pontos de exclamação. Troque ideias com um colega e pontuem corretamente o texto.

Essa foi do tempo em que o Bocão estava começando na escola

— Bocão, quanto é cinco mais três

— Não sei, professora

— Oito, Bocão Oito

— Essa não, professora Ontem mesmo a senhora disse que oito é quatro mais quatro

(Ziraldo. *O livro do riso do Menino Maluquinho*. 2. ed. São Paulo: Melhoramentos, 2000. p. 104.)

Jean Galvão/Arquivo da editora

DE OLHO NA LEITURA E NA ESCRITA: PALAVRAS OXÍTONAS, PAROXÍTONAS E PROPAROXÍTONAS

Vamos conhecer mais uma fábula?

O caranguejo e a raposa

Um caranguejo saiu do mar e ficou ali pela praia, sozinho, à procura de alimento. Nisso, uma raposa faminta o viu. Como não tinha outra coisa para comer, se lançou sobre o caranguejo. Quando estava para ser devorado, o caranguejo exclamou:

— Bem empregado, quem me mandou, eu, um animal marinho, querer passar por um animal da terra!

Triste de quem se lança em negócios que nada têm a ver com seus hábitos.

(Esopo. *Fábulas*. Porto Alegre: L&PM, 1999. p. 62.)

Ilustra Cartoon/Arquivo da editora

1 Qual foi o grande erro do caranguejo dessa fábula?

____

____

2 Que lição essa fábula ensina aos seres humanos?

____

____

____

Você aprendeu que as palavras da nossa língua costumam ter sílabas pronunciadas com mais força, chamadas **sílabas tônicas**, e sílabas pronunciadas com menos força, conhecidas como **sílabas átonas**. Leia os três grupos de palavras a seguir, extraídas do texto, tentando perceber qual é a posição da sílaba tônica de cada uma.

Grupo 1	Grupo 2	Grupo 3
saiu	caranguejo	hábitos
ficou	raposa	
comer	alimento	
animal	negócios	

3 Em qual desses grupos a sílaba tônica das palavras:

a) é a última? ______________________________

b) é a penúltima? ______________________________

c) é a antepenúltima? ______________________________

4 Dependendo da posição da sílaba tônica, as palavras são chamadas de **oxítonas**, **paroxítonas** ou **proparoxítonas**. As palavras do grupo 1 da questão anterior, por exemplo, são oxítonas; as do grupo 2, paroxítonas; as do grupo 3, proparoxítonas. Então, conclua:

a) O que são palavras oxítonas?

____

____

b) E palavras paroxítonas?

____

____

c) E palavras proparoxítonas?

____

____

____

5 A professora do 3º ano quer organizar as palavras em caixas para levar para a turma dela. Vamos ajudá-la? Leia o painel de palavras a seguir.

Ilustrações: Ilustra Cartoon/Arquivo da editora

Agora, escreva as palavras que devem entrar em cada caixa, de acordo com a classificação de cada palavra:

ACENTUAÇÃO DAS PALAVRAS OXÍTONAS E DOS MONOSSÍLABOS TÔNICOS

Ao escrever as palavras nas caixas, você provavelmente colocou em uma delas estas palavras:

GUARANÁ	VOCÊS	NINGUÉM
PARATI	AVÓS	URUBU

Compare as palavras anteriores com estas:

BABÁS	CAFÉ
ABACAXIS	AVÔ
CAJUS	PARABÉNS

Ilustra Cartoon/Arquivo da editora

1 Responda: Como as palavras dos dois grupos se classificam em relação à sílaba tônica: elas são oxítonas, paroxítonas ou proparoxítonas?

____

2 Note que, nos dois grupos de palavras, algumas são acentuadas e outras não. Observe como terminam as palavras dos dois grupos.

a) As palavras que são acentuadas apresentam quais terminações?

____

b) Quais palavras não são acentuadas? Quais terminações elas apresentam?

____

____

3 Com a ajuda dos colegas e do professor, conclua: Qual é a regra de acentuação das palavras oxítonas?

____

____

Observe estas palavras:

JÁ	PÉ	TI	DÓ	TU	VEM
PÁS	LÊ	BIS	NÓS	NUS	TENS

4 A propósito dessas palavras, responda:

a) Quantas sílabas cada palavra tem?

____

b) Essas palavras são monossílabas, dissílabas, trissílabas ou polissílabas?

____

5 Observe como terminam as palavras.

a) Quais terminações têm as palavras que recebem acento?

____

____

b) Quais terminações têm as palavras que não recebem acento?

____

____

MONOSSÍLABOS TÔNICOS E MONOSSÍLABOS ÁTONOS

Os monossílabos tônicos consistem em substantivos, adjetivos, verbos, etc. e são palavras que têm sentido próprio. Os monossílabos átonos são palavras que apenas acompanham ou ligam outras palavras. São monossílabos átonos, entre outros, **o**, **a**, **e**, **de**, **da**, **dos**, empregados, por exemplo, em "o menino", "gosto **de** você", "fui **e** já voltei".

6 Com a ajuda dos colegas e do professor, conclua: Qual é a regra de acentuação dos monossílabos tônicos?

____

____

____

7 Compare a regra de acentuação das palavras oxítonas e a regra de acentuação dos monossílabos tônicos. Qual é a diferença entre elas?

____

____

____

____

8 Observe este grupo de palavras:

ELE VEM	ELES VÊM
ELA TEM	ELAS TÊM

a) Quem é o agente da forma verbal **vem**? E da forma verbal **vêm**?

____

b) Quem é o agente da forma verbal **tem**? E da forma verbal **têm**?

____

c) Com a ajuda dos colegas e do professor, conclua: Quais são as exceções na regra de acentuação dos monossílabos tônicos?

____

____

9 Agora observe este grupo de palavras:

PÉ	AVÓ	TAMBÉM
LÊ	AVÔ	PARABÉNS

Leia o boxe ao lado e explique: Por que quatro palavras recebem acento agudo e duas recebem acento circunflexo?

____

____

____

____

ACENTO AGUDO E ACENTO CIRCUNFLEXO

O **acento agudo** (´) é empregado na maioria das palavras da língua portuguesa. Empregamos o acento agudo sobre as vogais **e** e **o** quando os sons são abertos, como em **café**, **atlético**, **dominó** e **fósforo**. Já o **acento circunflexo** (^) é empregado nas vogais **e** e **o** fechadas, como em **dendê** e **camelô**, e na vogal **a** quando nasal: **ângulo**, **câncer**.

10 Releia esta frase da anedota de Ziraldo:

"— Bocão quanto é cinco mais três?"

a) Por que as palavras **é** e **três** são acentuadas?

____

____

____

b) E por que **é** recebe acento agudo e **três** recebe acento circunflexo?

____

____

____

11 Releia a moral da fábula "O caranguejo e a raposa":

> "Triste de quem se lança em negócios que nada têm a ver com seus hábitos."

Por que a forma verbal **têm** está acentuada?

____

____

____

____

____

____

12 Como resumo geral da acentuação das palavras oxítonas e dos monossílabos tônicos, complete o quadro a seguir.

Regras de acentuação

Felipe Camêlo/Arquivo da editora

- Palavras oxítonas

  São acentuadas as palavras oxítonas terminadas em

  ____________, ____________, ____________ e

  ____________.

- Monossílabos tônicos

  São acentuados os monossílabos tônicos terminados em

  ____________, ____________ e ____________.

  Exceções: eles ____________, eles ____________.

BRINCANDO COM PALAVRAS

1 Descubra a saída do labirinto. Para isso, você deve buscar sempre o caminho que passa por uma palavra oxítona ou um monossílabo tônico, acentuados ou não, e escritos de forma correta. Não é permitido pular casas. O caminho passa sempre por uma palavra que está imediatamente ao lado ou na diagonal.

ENTRADA	fábula	nuvem	abre	filme	jabuti	fale	saúde	semente	pênalti
rápido	ninguém	homem	jovem	só	alface	dendê	chuva	convite	lógico
esperto	bocó	pássaro	casa	você	caneta	mole	paletó	convide	caído
vá	coco	hóspede	dente	avô	óculos	alho	limpo	parabéns	sujo
abacaxi	jacu	lindo	Belém	folha	mosca	tatú	jiló	além	vem (plural)
floresta	vento	vatapá	lápis	corpo	água	folha	tem (singular)	verde	rosa
sábio	flores	chocante	trânsito	táxi	louco	bicho	urubu	raio	magro
árvore	chama	montanha	medo	branco	fogo	gato	lê	têm (plural)	SAÍDA

Ilustra Cartoon/Arquivo da editora

2 No labirinto do exercício 1, há três palavras que ou estão acentuadas incorretamente, ou não receberam acento quando deveriam ter recebido.

a) Descubra-as e reescreva-as com a acentuação adequada.

____

____

b) Justifique oralmente para o professor por que a acentuação delas não estava correta.

3 Falando a verdade ou blefando?

Com a orientação do professor, dividam a turma em dois grupos. Cada aluno deve escolher uma palavra, oxítona ou monossílabo tônico, acentuada ou não, e escrevê-la em uma folha de caderno, com letras grandes. Essa palavra pode ou não receber acento gráfico e pode ter sido escrita de forma correta ou errada. Depois, o aluno dobra a folha e a guarda.

Por meio de parlenda de escolha ou de par ou ímpar, decide-se que grupo vai começar o jogo. Um aluno do grupo abre o seu papel, lê a palavra que escolheu e explica por que a escreveu daquele jeito. Por exemplo: Esta palavra tem acento porque é uma oxítona terminada em **a**.

Um aluno do outro grupo deve comentar a explicação do colega, dizendo "verdade" ou "blefe". Se achar que é blefe, então deve explicar por quê. O professor deve ser o juiz, comentando se as explicações dos dois grupos estão corretas ou não. O aluno que acertar, tanto na explicação quanto no comentário, ganha 1 ponto para o grupo dele. Alguém deve ficar encarregado de anotar a pontuação dos grupos.

Regra: O aluno do grupo adversário, que vai comentar a explicação, nunca pode ser o mesmo. Ele só pode comentar uma vez.

Giz de Cera/Arquivo da editora

4 Forca

Vamos brincar de forca? Convide um colega para ver quem escapa da forca. Observe as dicas:

Ilusrações: MaryValery/Shutterstock

___ ___ ___ ___ ___

Dicas:

1. Nome de pássaro.
2. Palavra oxítona que deve receber o acento gráfico.

___ ___ ___ ___ ___ ___

Dica:

Nome de um prato baiano.

___ ___ ___ ___ ___ ___ ___ ___

Dicas:

1. Nome de animal.
2. Palavra oxítona que recebe o acento gráfico.

___ ___

Dicas:

1. Monossílabo tônico que deve ser acentuado.
2. Adjetivo feminino que pode ser atribuído a quem age de forma cruel.

PRODUÇÃO DE TEXTO

A FÁBULA MODERNA — MARCADORES DE TEMPO E DE ESPAÇO NA FÁBULA

A fábula foi inventada e desenvolvida há muitos séculos. Apesar disso, ainda existem escritores hoje que também escrevem fábulas. Alguns tomam as fábulas antigas e as reescrevem, fazendo algumas alterações de propósito. Outros inventam fábulas inteiramente novas.

Veja, como exemplo, a adaptação que o escritor brasileiro Millôr Fernandes (1923-2012) fez da fábula "A raposa e as uvas":

A raposa e as uvas

De repente a raposa, esfomeada e gulosa, fome de quatro dias e gula de todos os tempos, saiu do areal do deserto e caiu na sombra deliciosa do parreiral que descia por um precipício a perder de vista. Olhou e viu, além de tudo, à altura de um salto, cachos de uvas maravilhosos, uvas grandes, tentadoras. Armou o salto, **retesou** o corpo, saltou, o focinho passou a um palmo das uvas. Caiu, tentou de novo, não conseguiu. Descansou, encolheu mais o corpo, deu tudo o que tinha, não conseguiu nem roçar as uvas gordas e redondas. Desistiu, dizendo entre dentes, com raiva: "Ah, também, não tem importância. Estão muito verdes." E foi descendo, com cuidado, quando viu à sua frente uma pedra enorme. Com esforço empurrou a pedra até o local em que estavam os cachos de uva, trepou na pedra, perigosamente, pois o terreno era irregular e havia o risco de despencar, esticou a pata e... conseguiu! **Com avidez** colocou na boca quase o cacho inteiro. E cuspiu. Realmente as uvas estavam muito verdes!

MORAL: *A* ***FRUSTRAÇÃO*** *É UMA FORMA DE JULGAMENTO TÃO BOA COMO QUALQUER OUTRA.*

(*Fábulas fabulosas*. 12. ed. Rio de Janeiro: Nórdica, 1991. p. 118.)

com avidez: com muita vontade.
frustração: decepção, sentimento de incapacidade.
retesar: esticar.

1. O que essa versão tem de diferente da versão original da fábula "A raposa e as uvas"?

2. Por causa da mudança do final, Millôr Fernandes também cria uma nova moral. Troque ideias com os colegas: O que quer dizer a nova moral de Millôr?

3. Os textos narrativos, isto é, aqueles que contam uma história, geralmente situam os fatos da história em um **espaço** (o lugar onde acontecem os fatos) e em um **tempo** (quando acontecem os fatos).

Releia este trecho da fábula "A raposa e as uvas", de Millôr Fernandes:

> "De repente a raposa, esfomeada e gulosa, fome de quatro dias e gula de todos os tempos, saiu do areal do deserto e caiu na sombra deliciosa do parreiral que descia por um precipício a perder de vista."

A expressão **areal do deserto**, por exemplo, marca o lugar de onde ela saiu. Encontre no trecho outros marcadores de espaço.

4 Indique outros marcadores de espaço nestes trechos da mesma fábula:

a) "quando viu, à sua frente, uma pedra enorme."

b) "Com esforço empurrou a pedra até o local em que estavam os cachos de uva, trepou na pedra [...]"

c) "Com avidez colocou na boca quase o cacho inteiro."

5 Agora leia este outro trecho da fábula:

"E foi descendo, com cuidado, quando viu à sua frente uma pedra enorme."

Qual é a palavra do trecho que marca o tempo em que a ação ocorreu?

Veja agora outro tipo de fábula moderna, inteiramente inventada por um escritor da atualidade:

O cachorro nervoso

Um cachorro queria morder o próprio rabo e não conseguia. Ficou nervoso. E, quanto mais nervoso ficava, mais morder o próprio rabo queria. Correu em volta de si mesmo, cada vez mais veloz, esforçando-se para alcançar o rabo. Que fugia, também mais e mais veloz.

No fim, o cachorro desistiu.

Mas as tentativas repetiram-se durante dias e dias.

Finalmente, num esforço maior, o cachorro abocanhou o próprio rabo e foi se devorando **sofregamente**, até se transformar numa única e feroz boca raivosa, já a morder os próprios dentes.

Biry Sarkis/Arquivo da editora

Não seja seu próprio inimigo, pois pode se machucar.

sofregamente: comer ou beber de forma apressada.

(Sérgio Capparelli. *30 fábulas contemporâneas para crianças*. Porto Alegre: L&PM, 2008. p. 30-31.)

6 Nessa fábula moderna, também há animal ou animais que são personagens principais? Se sim, qual ou quais?

____

7 Em toda história, os personagens desejam fazer alguma coisa ou alcançar um objetivo. Na fábula "O cachorro nervoso", qual era o objetivo do cachorro?

____

8 O cachorro conseguiu fazer o que queria? Qual foi o resultado?

____

____

9 Identifique no texto:

a) os marcadores de tempo.

____

____

b) um marcador de espaço.

◯ em volta de si mesmo

◯ finalmente

◯ sofregamente

10 A fábula "O cachorro nervoso" tem uma moral? Se sim, qual é?

____

____

____

11 Responda oralmente: Você acha que essa moral se aplica aos seres humanos? Se sim, dê exemplos.

AGORA É A SUA VEZ

Ao final desta unidade, você e os colegas da turma vão produzir um livro de fábulas e de poemas. Além disso, vão também participar de um sarau, no qual poderão apresentar ao público os trabalhos de vocês. Para isso, precisamos dar continuidade ao trabalho de produção de textos.

Vamos criar algumas fábulas modernas? Além de animais, você poderá incluir nessas fábulas elementos da atualidade, como *shopping*, rádio, televisão, *tablet*, telefone celular, internet, carrocinha da prefeitura, rações para animais, helicóptero, etc. Individualmente ou em dupla, conforme a orientação do professor, desenvolva uma ou mais das propostas que seguem.

Proposta 1

Transforme a fábula "A raposa e as uvas", de La Fontaine, ou outra fábula que tenha lido nesta unidade, em uma fábula moderna. Inclua novos elementos e faça as adaptações que quiser. Não é necessário escrever em versos.

Proposta 2

Leia o início de outra fábula moderna, de Sérgio Capparelli:

A raposa queria salvar sua pele

A raposa, que tinha esquecido os óculos em casa, pulou um alambrado para ver mais de perto onde estava. Alguém gritou para ela não ficar na frente dos outros. Ela não deu bola, olhando uma trilha riscada ao redor de um campo verde.

Nisso uma luz faiscou diante de seus olhos. Ela não sabia, mas era o juiz, que erguia o revólver para dar início à corrida de cem metros livres nas zoolimpíadas.

Biry Sarkis/Arquivo da editora

A raposa, sem óculos, achou que o juiz era um caçador querendo matá-la.

— Pum, Pum!

Com medo do caçador, a raposa disparou por uma trilha livre, ao lado de outros bichos que corriam vestidos de um jeito esquisito [...].

(*30 fábulas contemporâneas para crianças*, *op. cit.*, p. 68-69.)

Como será que essa raposa atrapalhada e meio ceguinha vai sair dessa situação? Será que ela vai descobrir que, sem querer, está participando das zoolimpíadas?

Crie um final para essa fábula. Se quiser, acrescente uma moral.

Proposta 3

Crie uma fábula moderna com base nas seguintes sugestões ou invente um tema diferente.

- O mosquito da dengue
- A reunião dos bichos
- Sábado é dia de *pet shop*
- A raposa e a produção de vinhos
- Academia Tartarugas Vencedoras

PLANEJAMENTO DO TEXTO

- Considere que seu texto vai ser publicado em um livro e lido por outras crianças, familiares, professores e funcionários.
- Escreva o título da fábula no alto da folha.
- Além de animais que falam, pensam e se comportam como pessoas, inclua na fábula alguns elementos atuais, ou seja, próprios do mundo em que vivemos.
- Organize o texto em parágrafos, desenvolvendo cada ideia em um parágrafo.

- Se quiser, inclua diálogos no texto. Fique atento(a) ao uso dos dois-pontos, do travessão e de verbos como **disse**, **perguntou** e **respondeu** para introduzir a fala dos personagens.
- Utilize marcadores de tempo e espaço para definir quando e onde ocorrem as ações.
- Se quiser, inclua uma moral que resuma a ideia principal da fábula ou que transmita um ensinamento.
- Capriche na linguagem, que deve ser bem-cuidada e correta, como nos livros de fábulas.

REVISÃO E REESCRITA

Antes de finalizar, observe estes aspectos do texto:

- A fábula apresenta título?
- Os personagens são animais que se comportam como seres humanos?
- A fábula tem elementos do mundo moderno?
- A fábula tem um papel educativo, isto é, transmite um ensinamento aos leitores?
- Se há diálogos, eles estão bem-construídos, isto é, há travessão antes de cada fala? Fica claro quando quem fala é o narrador e quando quem fala são os personagens?
- O texto está dividido em parágrafos?
- Há marcadores de tempo e de espaço?
- A linguagem está bem-cuidada, como nos livros de fábulas?
- A moral resume bem as ideias principais da fábula?

Concluída a revisão, ilustre o texto, deixando-o pronto para ser incluído no livro que será produzido por toda a turma no final da unidade, na **Oficina de criação**.

DIVIRTA-SE

O leão, o rei da selva, vai saindo da savana e passa perto de uma raposa, levanta-a pela cauda e pergunta:

— Quem é o rei da selva?

— É o senhor. Todo mundo sabe disso, seu leão.

O leão solta a raposa no chão e passa por um veado. Levanta o veado do chão e pergunta-lhe:

— Quem é o rei da selva?

— O meu reizinho é você, seu leãozinho.

Biry Sarkis/Arquivo da editora

Solta o veado no chão e vai encontrando a tartaruga, o coelho, a hiena, o lobo e o avestruz. A todos repete a pergunta e sempre recebe a mesma resposta: o leão é o rei da selva. Daí a pouco, ele encontra um enorme elefante, segura-lhe a tromba e pergunta:

— Quem é o rei da selva?

O elefante dá aquela olhada lá de cima, enrola a tromba no leão e atira-o numa pedra. Pega o leão outra vez, joga-o para cima e o leão cai no chão meio zonzo. Repete isso várias vezes, até que o leão, já sem forças, diz ao elefante:

— Tá bom, pode parar, pode parar. Já que você não sabe quem é o rei da selva, não precisa ficar assim tão nervoso não.

(Donaldo Buchweitz. *Piadas para você morrer de rir*. Belo Horizonte: Leitura, 2001. p. 64-65. Adaptado.)

CAPÍTULO 3

FABULANDO EM CORDEL

Como você já sabe, muitos escritores da atualidade continuam criando fábulas, adaptadas das fábulas de Esopo ou de La Fontaine, ou criando fábulas inteiramente novas.

LEITURA

Leia esta fábula em cordel, adaptada de uma fábula de La Fontaine pelo poeta maranhense Wilson Marques:

A RAPOSA E A CEGONHA

A RAPOSA (TÃO MESQUINHA!)
CONVIDOU PARA ALMOÇAR
SUA VIZINHA, A CEGONHA:
— VENHA, AMIGA, PROVAR
DA MINHA BOA COMIDA
E EXCELENTE PALADAR.

CONSTAVA A REFEIÇÃO
DE UM CALDINHO TÃO RALO
QUE A RAPOSA SERVIU
PARA O SEU PRÓPRIO **REGALO**,
POIS COM UM BICO TÃO FINO
NÃO PÔDE A OUTRA SUGÁ-LO.

UMA VINGANÇA A CEGONHA
COMEÇOU A PLANEJAR,
E CONVIDOU A RAPOSA
PARA EM SUA CASA CEAR,
CONVITE QUE A FAMINTA
NEM PENSOU EM RECUSAR.

Jean Galvão/Arquivo da editora

O PETISCO ERA UMA CARNE
CUJO AROMA ENCHIA O AR
E QUE A RAPOSA SENTIA
GRANDE PRAZER EM ASPIRAR.
QUANDO A MESA FOI SERVIDA,
NÃO PÔDE A OUTRA CEAR.

VEJAM SÓ COMO SE FEZ
DA CEGONHA A VINGANÇA:
A CARNE, FEZ BEM MOÍDA,
E ANTES DE LEVAR PRA PANÇA,
PÔS NUM VIDRO DE GARGALO
FINO COMO UMA ALIANÇA.

LÁ O BICO DA CEGONHA
FACILMENTE PENETRAVA.
E O FOCINHO DA RAPOSA?
NO PETISCO NEM TOCAVA.
SÓ A CEGONHA COMIA.
A RAPOSA SÓ OLHAVA!

COM VERGONHA DE SI MESMA,
TRISTE E ENCABULADA,
DA PRESENÇA DA CEGONHA
A RAPOSA FOI **VEXADA**,
A SUA FAMA DE ESPERTA
EM UM MINUTO ACABADA.

Jean Galvão/Arquivo da editora

regalo: prazer, o que se come com grande prazer.
vexado: humilhado, envergonhado.

(Wilson Marques. *Fábulas de La Fontaine em cordel*. São Paulo: Kit's Editora, 2018. p. 32-35. Disponível em: https://issuu.com/matematicapnld2019/docs/fabulas_la_fontaine_miolo_pnld_2018. Acesso em: 10/2/2021.)

QUEM É WILSON MARQUES?

Wilson Marques nasceu em Caxias, Maranhão. Formado em Jornalismo, trabalhou como repórter em São Luís e São Paulo. É autor de mais de dez livros infantis relacionados com as tradições orais da cultura nordestina. Entre suas obras estão: *A lenda do rei Sebastião e o touro encantado em cordel*, *Arte e manhas do Jabuti*, *O tambor do mestre* e *Fábulas de La Fontaine em cordel*.

Reprodução/Acervo do escritor

OS SENTIDOS DO TEXTO

1 O poema conta uma história que envolve dois animais. Quais são eles?

____

2 A raposa faz um convite à cegonha.

a) Qual é o convite?

____

____

b) Que surpresa a cegonha teve na casa da raposa?

____

____

____

____

____

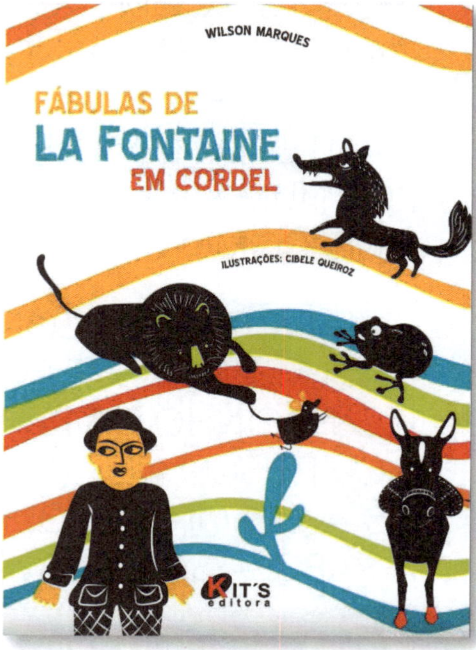

3 Diante do ocorrido, a cegonha arma um plano:

a) Qual é o plano da cegonha?

____

____

b) Como ela executa o plano?

____

____

____

4 Nas fábulas, a raposa geralmente se mostra um animal esperto, inteligente e, às vezes, até desonesto para conseguir o que pretende. Releia a última estrofe do texto e responda:

a) Como a raposa se sentiu com a situação vivida na casa da cegonha?

____

b) O que aconteceu com a fama que a raposa tinha de esperta?

____

5 A fábula lida não tem uma moral. Qual das frases a seguir poderia servir de moral para ela?

( ) É perigoso agir sem refletir.

( ) Quem enfrenta alguém mais forte não dá valor à vida.

( ) Trate os outros tal como deseja ser tratado.

( ) Quem quer consertar os outros deve primeiro se consertar.

6 A fábula foi escrita na forma de cordel (leia o boxe **Literatura de cordel** da página seguinte). O cordel é um tipo de poema que tem uma estrutura própria.

a) Quantas estrofes (grupos de versos) tem o poema?

____

b) As estrofes do cordel podem ter quatro, seis, sete ou dez versos cada uma. Conte: Quantos versos tem cada estrofe do cordel lido?

____

7 O cordel sempre apresenta rimas. Numere os versos de uma das estrofes e responda:

a) Que versos rimam entre si?

____

____

____

b) Essas rimas coincidem em todas as estrofes?

____

LITERATURA DE CORDEL

Você sabe o que é literatura de cordel? É um tipo de poesia oral que surgiu em Portugal há quase 800 anos! Foi trazida pelos colonizadores portugueses e ainda hoje é produzida no Norte e no Nordeste do país. Atualmente, o cordel costuma ser impresso em folhetos ilustrados, que são pendurados em um cordão com pregadores.

Ismar Ingber/Pulsar Imagens

A LINGUAGEM DO TEXTO

1 Em alguns trechos do cordel, o poeta inverte a ordem da frase. Veja:

"UMA VINGANÇA A CEGONHA
COMEÇOU A PLANEJAR"

A ordem mais comum dessa frase, chamada ordem direta, seria:

A cegonha começou a planejar uma vingança.

a) Ponha na ordem direta este trecho do poema:

"VEJAM SÓ COMO SE FEZ
DA CEGONHA A VINGANÇA"

____

____

b) Agora, troque ideias com os colegas: Por que a ordem desses versos foi invertida?

2 Na quinta estrofe, para dar uma ideia de como era o vidro onde a cegonha pôs a comida, o poeta faz uma comparação. Escreva o verso em que é feita a comparação.

____

3 Releia este trecho da quarta estrofe:

"O PETISCO ERA UMA CARNE
CUJO AROMA ENCHIA O AR
E QUE A RAPOSA SENTIA
GRANDE PRAZER EM ASPIRAR."

O verbo **aspirar** pode ter vários sentidos. Veja alguns deles:

1. atrair (o ar) aos pulmões; inalar; inspirar; respirar
2. atrair ou recolher por meio de sucção
3. desejar profundamente; almejar, pretender, querer

(Dicionário eletrônico Houaiss da língua portuguesa 1.0.)

a) Com qual desses sentidos o verbo **aspirar** foi empregado no poema?

____

____

b) Numere as frases a seguir, de acordo com o sentido que o verbo **aspirar** apresenta nelas:

( ) Faz mal aspirar esta fumaça.

( ) Todos aspiramos a um país sem pobreza.

( ) Vou começar a aspirar o pó da sala.

TROCANDO IDEIAS

1. A raposa agiu certo com a cegonha durante o jantar? Por quê?

2. O que você achou do modo como a cegonha se vingou da raposa? Você faria igual ou não? Por quê?

3. Na vida em sociedade, não precisamos nos vingar das pessoas quando elas fazem algo de que não gostamos. Nós podemos desculpar ou perdoar aquela pessoa. Você já perdoou alguém? Se sim, conte para os colegas.

DE OLHO NA ORALIDADE: OUVINDO E LENDO EXPRESSIVAMENTE FÁBULAS

OUVINDO FÁBULA

Vamos agora conhecer a fábula "A raposa e a cegonha" original, de Esopo? Feche o livro e ouça a história que o professor vai contar:

A raposa e a cegonha

Um dia a raposa convidou a cegonha para jantar. Querendo pregar uma peça na outra, serviu sopa num prato raso. Claro que a raposa tomou toda a sua sopa sem o menor problema, mas a pobre cegonha com seu bico comprido mal pôde tomar uma gota. O resultado foi que a cegonha voltou para casa morrendo de fome. A raposa fingiu que estava preocupada, perguntou se a sopa não estava do gosto da cegonha, mas a cegonha não disse nada.

Roberto Weigand/Arquivo da editora

Quando foi embora, agradeceu muito a gentileza da raposa e disse que fazia questão de retribuir o jantar no dia seguinte.

Assim que chegou, a raposa se sentou lambendo os beiços de fome, curiosa para ver as delícias que a outra ia servir. O jantar veio para a mesa numa jarra alta, de gargalo estreito, onde a cegonha podia beber sem o menor problema. A raposa, amoladíssima, só teve uma saída: lamber as gotinhas de sopa que escorriam pelo lado de fora da jarra. Ela aprendeu muito bem a lição. Enquanto ia andando para casa, faminta, pensava: "Não posso reclamar da cegonha. Ela me tratou mal, mas fui grosseira com ela primeiro".

(*Fábulas de Esopo*. São Paulo: Companhia das Letrinhas, 1994. p. 36.)

Converse com o professor e os colegas sobre estas questões:

1. Que diferenças você nota entre a fábula de Esopo e a versão feita em cordel? Responda oralmente.

2. Qual das versões é mais detalhada?

____

3. Qual das versões é mais musical?

____

LEITURA EXPRESSIVA DA FÁBULA

Que tal agora treinar a leitura oral das duas versões da fábula? Siga as orientações do professor para fazer uma leitura expressiva dos textos. Fique atento à pontuação, valorize as pausas, destaque algumas palavras, alongando-as. No caso da fábula de Esopo, faça uma voz diferente para expressar o pensamento da raposa; no caso do cordel, capriche no ritmo da leitura e na entonação dos versos rimados.

REFLEXÃO SOBRE A LINGUAGEM

OS PRONOMES E A COESÃO TEXTUAL

Releia este trecho da fábula "A raposa e a cegonha":

Um dia a raposa convidou a cegonha para jantar. Querendo pregar uma peça na **outra**, serviu sopa num prato raso. Claro que a raposa tomou toda a **sua** sopa sem o menor problema, mas a pobre cegonha com **seu** bico comprido mal pôde tomar uma gota.

Roberto Weigand/Arquivo da editora

[...]

A raposa, amoladíssima, só teve uma saída: lamber as gotinhas de sopa que escorriam pelo lado de fora da jarra. **Ela** aprendeu muito bem a lição. Enquanto ia andando para casa, faminta, pensava: "Não posso reclamar da cegonha. **Ela me** tratou mal, mas fui grosseira com **ela** primeiro".

1. Na frase "Querendo pregar uma peça na **outra**", a qual dos dois animais a palavra **outra** se refere?

____

2. No trecho "Claro que a raposa tomou toda a **sua** sopa", a palavra **sua** indica posse. No caso, a sopa é de quem: da raposa ou da cegonha?

____

3 E no trecho "mas a pobre cegonha com **seu** bico comprido", a palavra **seu** indica que o bico é da cegonha ou da raposa?

____

4 No segundo parágrafo desse trecho, a palavra **ela** foi empregada três vezes.

a) Em quais dessas situações a palavra **ela** se refere à cegonha?

____

b) E em qual delas a palavra **ela** se refere à raposa?

____

5 Quando a raposa pensa: "Ela **me** tratou mal", a palavra **me** se refere à própria raposa ou à cegonha?

____

Quando falamos ou escrevemos, empregamos palavras como **eu**, **ele**, **seu**, **meu**, **aquele**, **outro**, **seu**, **sua** e outras que ajudam a esclarecer a que ou a quem estamos nos referindo. Essas palavras são chamadas de **pronomes**. No trecho da fábula "A raposa e a cegonha" que você leu, por exemplo, a raposa, quando fala da cegonha, usa o pronome **ela** e, quando se refere a si mesma, emprega o pronome **me**.

Pronomes são palavras que ajudam a esclarecer, em um texto, quem fala, com quem se fala ou de quem se fala. Também contribuem para ligar palavras e partes do texto, além de substituir palavras, evitando repetições.

Na língua portuguesa, existem muitos tipos de pronome. Neste ano, você vai conhecer três grupos de pronomes: os pessoais, os possessivos e os demonstrativos.

PRONOMES PESSOAIS

Os **pronomes pessoais** são os que identificam as três pessoas que participam de uma situação de comunicação: **quem fala** (1ª pessoa), **com quem se fala** (2ª pessoa) e **do que** ou **de quem se fala** (3ª pessoa). Veja o quadro a seguir.

Pronomes pessoais			
Pessoas		**Retos**	**Oblíquos**
1ª	quem fala	eu nós	me, mim, comigo nos, conosco
2ª	com quem se fala	tu vós	te, ti, contigo vos, convosco
3ª	do que ou de quem se fala	ele(a) eles(as)	o, a, lhe, se, si, consigo os, as, lhes, se, si, consigo

Observação: Hoje, em muitas regiões do Brasil, o pronome **você** vem sendo empregado no lugar de **tu**, e o pronome **vós** está desaparecendo da língua falada e sendo substituído por **vocês**.

Leia estes quadrinhos:

(Nik. *Gaturro*. Cotia-SP: Vergara & Riba, 2008. v. 1, p. 53.)

1 Augustinho está na idade dos **porquês**. Como é a criança nessa fase?

____

____

____

2 O que Gaturro quer dizer quando afirma que o pai de Augustinho está na idade do "Por que comigo?"?

____

____

____

____

3 No 1º quadrinho, Augustinho emprega alguns pronomes em sua fala.

a) Quais pronomes ele usa para se referir a si mesmo?

____

b) Qual pronome ele usa para se referir ao pai?

____

4 Além de falar de si mesmo e do pai, Augustinho fala da irmã.

a) Que palavra ele usa para se referir à irmã?

____

b) Se ele tivesse preferido empregar um pronome no lugar do nome da irmã, qual seria: **eu**, **você** ou **ela**?

____

5 Os pronomes têm também a função de substituir palavras, evitando repetições desnecessárias em um texto. Reescreva a primeira frase do texto a seguir, substituindo por pronomes as palavras destacadas, a fim de evitar as repetições.

Por que os fotógrafos de praça de antigamente se chamavam lambe-lambe?

Os fotógrafos lambiam as chapas de vidro que capturavam a imagem — depois **as chapas** eram transferidas para um papel. Apenas um lado da lâmina era revestido pela emulsão sensível à luz, e essa camada era invisível.

Lambendo, o fotógrafo sentia o lado mais áspero, em que a língua colava, e isso guiava o posicionamento do vidro na câmera — cada clique consumia uma nova chapa.

(*Superinteressante*, n. 371.)

Lucky clover/Shutterstock

6 Leia o texto a seguir e complete-o com os pronomes adequados.

Saí do box do chuveiro. Mamãe não estava no banheiro. Uma das distrações __________ é essa mania de sair e deixar a gente falando sozinha.

Depois __________ fica perguntando tudo outra vez. E como __________ antes estava no banho, não sabia desde quando __________ não tinha ouvido. Mas dessa vez, até que era bom. Assim __________ não ia ficar fazendo uma porção de perguntas sobre o caso do retrato desaparecido.

(Ana Maria Machado. *Bisa Bia, Bisa Bel*. 25. ed. Rio de Janeiro: Salamandra, 1990. p. 21.)

PRONOMES POSSESSIVOS

Releia os quadrinhos da página 334.

No segundo quadrinho, Augustinho diz ao pai: "Por que o vizinho tem um carro mais bonito que o **seu**?". A palavra **seu** se refere ao carro que pertence ao pai de Augustinho; por isso, é um pronome **possessivo**.

Pronomes possessivos são aqueles que indicam posse em relação às pessoas que participam de uma situação de comunicação.

Conheça os pronomes possessivos do português:

Pronomes pessoais	Pronomes possessivos
eu	meu, meus, minha, minhas
tu	teu, teus, tua, tuas
ele(a)(s)	seu, seus, sua, suas
nós	nosso, nossos, nossa, nossas
vós	vosso, vossos, vossa, vossas

Leia esta tira:

© Fernando Gonsales/Acervo do cartunista

(Fernando Gonsales. *Níquel Náusea — Nem tudo que balança cai.* São Paulo: Devir, 2003. p. 6.)

1 No 1º quadrinho, foi empregado o pronome possessivo **meus** em "**meus** filhotes". A quem se refere o pronome, ou seja, de quem são os filhotes?

____

____

2 No 2º quadrinho, o ratinho diz: "As corujas sempre acham **seus** filhotes lindos!".

a) A quem se refere o pronome **seus**, isto é, de quem são os filhotes?

____

____

b) Que outra palavra o ratinho poderia empregar no lugar do pronome **seus**?

____

____

____

PRONOMES DEMONSTRATIVOS

O personagem Garfield, que aparece na tira a seguir, é um gato preguiçoso e bonachão e vive com Jon, seu dono. Leia a tira:

(*Folha de S.Paulo*, 17/12/2008.)

1. No 1º quadrinho, Jon está em uma loja que vende joias. O que ele estava procurando?

____

2. No 2º quadrinho, ao ver o preço de um colar, Jon diz: **UAAAI!**. O que essa palavra significa, na situação?

____

3. No 3º quadrinho, Jon estranha o sorvete na mão de Garfield. O gato explica que ganhou o sorvete na loja enquanto Jon estava inconsciente. O que Garfield quis dizer com isso? Responda oralmente.

4. A vendedora diz, no 1º quadrinho: "A sua namorada vai gostar **disto** aqui". O colar está mais perto dela ou mais perto de Jon?

____

5. Jon diz a Garfield, no 3º quadrinho: "De onde saiu **esse** sorvete?". O sorvete está mais perto dele ou de Garfield?

____

6 Se Garfield resolvesse dizer a Jon que a vendedora o tinha enganado, como ele se expressaria?

( ) **Esta** vendedora enganou você!

( ) **Essa** vendedora enganou você!

( ) **Aquela** vendedora enganou você!

Ao responder às questões anteriores, você notou que algumas palavras indicam ou situam os objetos em relação aos participantes da comunicação. A vendedora diz **disto** e também poderia dizer "**Este** colar é lindo!" porque o colar está nas mãos dela.

Jon diz "**esse** sorvete" quando se dirige a Garfield porque o sorvete está na mão do gato, e não na mão dele.

Garfield diria a Jon "**Aquela** vendedora enganou você" porque a moça está distante dos dois.

Palavras como **este(a)**, **esse(a)**, **aquele(a)** são pronomes demonstrativos.

Pronomes demonstrativos são palavras que situam os objetos em relação aos participantes da comunicação.

Pronomes demonstrativos	
1ª pessoa	este(a), estes(as), isto
2ª pessoa	esse(a), esses(as), isso
3ª pessoa	aquele(a), aqueles(as), aquilo

Leia mais esta fábula de Esopo:

A raposa e o leão

Uma raposa jovem, que nunca tinha visto um leão, estava andando pela floresta e deu de cara com um **deles**. **Ela** não precisou olhar muito para sair correndo desesperada na direção do primeiro esconderijo que encontrou. Quando viu o leão pela segunda vez, a raposa ficou atrás de uma árvore a fim de poder olhar para **ele** antes de fugir. Mas na terceira vez a raposa foi direto até o leão e começou a dar tapinhas nas costas **dele**, dizendo:

— Oi, gatão! Tudo bem aí?

Filipe Rocha/Arquivo da editora

Moral: Da familiaridade nasce o abuso.

(*Fábulas de Esopo*. São Paulo: Companha das Letrinhas, *op. cit.*, p. 54.)

7 A raposa nunca tinha visto um leão.

a) Qual foi a reação dela ao ver um leão pela primeira vez?

____

b) E na segunda vez?

____

____

8 Na terceira vez que viu o leão, a raposa agiu de modo diferente.

a) Como ela agiu?

____

____

____

b) Releia a moral da fábula e responda: Por que ela agiu assim?

____

____

____

____

9 Veja as palavras destacadas no texto e responda: A quem se referem os pronomes, pela ordem:

a) deles: ____

b) Ela: ____

c) ele: ____

d) dele: ____

10 Veja, neste exemplo, como os pronomes podem substituir substantivos:

> Peguei **o caderno** e **a professora** corrigiu o exercício.
> Peguei-**o** e **ela** corrigiu o exercício.

Substitua as palavras destacadas nas frases a seguir por pronomes.

a) "Quando viu **o leão** pela segunda vez, **a raposa** ficou atrás de uma árvore"

____

____

____

____

b) "Mas na terceira vez **a raposa** foi direto até **o leão** e começou a dar tapinhas nas costas dele"

____

____

BRINCANDO COM PALAVRAS

Você gosta de desenhar? Participe desta brincadeira, que envolve a busca de um pato desaparecido e alguns desenhos.

Primeiro, leia o texto "O pato de Henrique", na página 344. Você vai notar que algumas palavras foram extraídas do texto. Todas elas são pronomes. Preencha cada uma das lacunas com um dos pronomes que se encontram no quadro a seguir. Para não perder o controle, vá riscando o pronome escrito, conforme o exemplo.

Depois que completar o texto, convide um colega para fazer a brincadeira, criando o desenho desde o início, conforme as orientações do texto. Quando memorizar a sequência, brinque com outros alunos da turma ou de outras turmas e com familiares.

Ilustra Cartoon/Arquivo da editora

O pato de Henrique

Este aqui é Henrique (fazer um ponto no quadro). Ele mora numa casinha (desenhar um círculo em torno do ponto).

Perto de ________ casa, há um lago (desenhar uma forma oval maior que o círculo). Existe um caminho entre a casa de Henrique e o lago (fazer o traço, unindo as duas figuras).

Henrique procurou ________ pato e não ________ encontrou.

Resolveu ir atrás ________. Seguiu o caminho entre ________ casa e o lago. Havia um matinho e Henrique foi ver se o pato estava lá.

Foi lá três vezes e não ________ encontrou (desenhar três linhas que saem da oval).

Henrique tomou uma estrada que descia do lago (desenhar uma linha comprida que sai da margem inferior da oval). Só que era um beco sem saída. E ________ voltou. Experimentou mais dois atalhos, mas não deu certo (desenhar linhas curtas que saem da mais comprida).

Henrique voltou ao lago e dali seguiu por ________ estrada (desenhar ________ linha comprida que sai da parte inferior do corpo do pato). Novamente tentou achar seu pato em ________ três atalhos ________ estrada. E nada (desenhar três linhas curtas saindo da comprida). Henrique ficou triste e voltou para casa, seguindo a margem do lago.

Chegou ao portão da frente e resolveu passear (desenhar uma linha curta, saindo do círculo menor). E lá estava o pato sapeca.

Henrique voltou para casa, cheio de alegria (desenhar ________ linha curta voltando ao círculo). Afinal, achou ________ pato e ficou feliz.

(Heliana Brandão e Maria das Graças V.G. Froeseler. *O livro dos jogos e das brincadeiras*. Belo Horizonte: Leitura, 1997. p. 56.)

ginger1/Shutterstock

DE OLHO NA ESCRITA: ENCONTROS CONSONANTAIS

Na fábula "A raposa e o leão", você leu as palavras abaixo. Releia-as em voz alta:

FLORESTA **PR**ECISOU **PR**IMEIRO
ENCON**TR**OU A**TR**ÁS

1 Os pares de letras **FL**, **PR** e **TR** destacados nas palavras acima representam, cada um deles, um único som ou dois sons?

____

2 As letras de cada par são vogais ou consoantes?

____

Encontros como **FL**, **FR**, **PR**, **TR**, **BR**, **BL**, **GL**, **GR**, **CR**, **CL**, entre outros, são chamados de encontros consonantais.

Encontro consonantal é a reunião de duas consoantes que são pronunciadas e, portanto, equivalem a dois sons.

3 Releia o texto "O pato de Henrique" e grife as palavras que apresentam encontros consonantais.

4 No texto a seguir, faltam algumas palavras. Leia-as no quadro abaixo e, depois, complete o poema com as palavras adequadas.

fria	madrugada	bromélia	triste

Não tem nada

A ____________________
Foi dormir
Adoentada.

Está ____________________.
Está ____________________.
Que coitada!

— Não tem nada!
— Não tem nada!
— Não tem nada!

A cavalo
Vem o vento
— é ____________________ —

— A bromélia
Só está
Apaixonada.

(Sérgio Capparelli. *A árvore que dava sorvete*. Porto Alegre: Projeto, 1999. p. 12.)

Giz de Cera/Arquivo da editora

5 Desafio da máquina de palavras

Vamos criar palavras com encontros consonantais? Para isso, é preciso acrescentar a letra indicada. Veja:

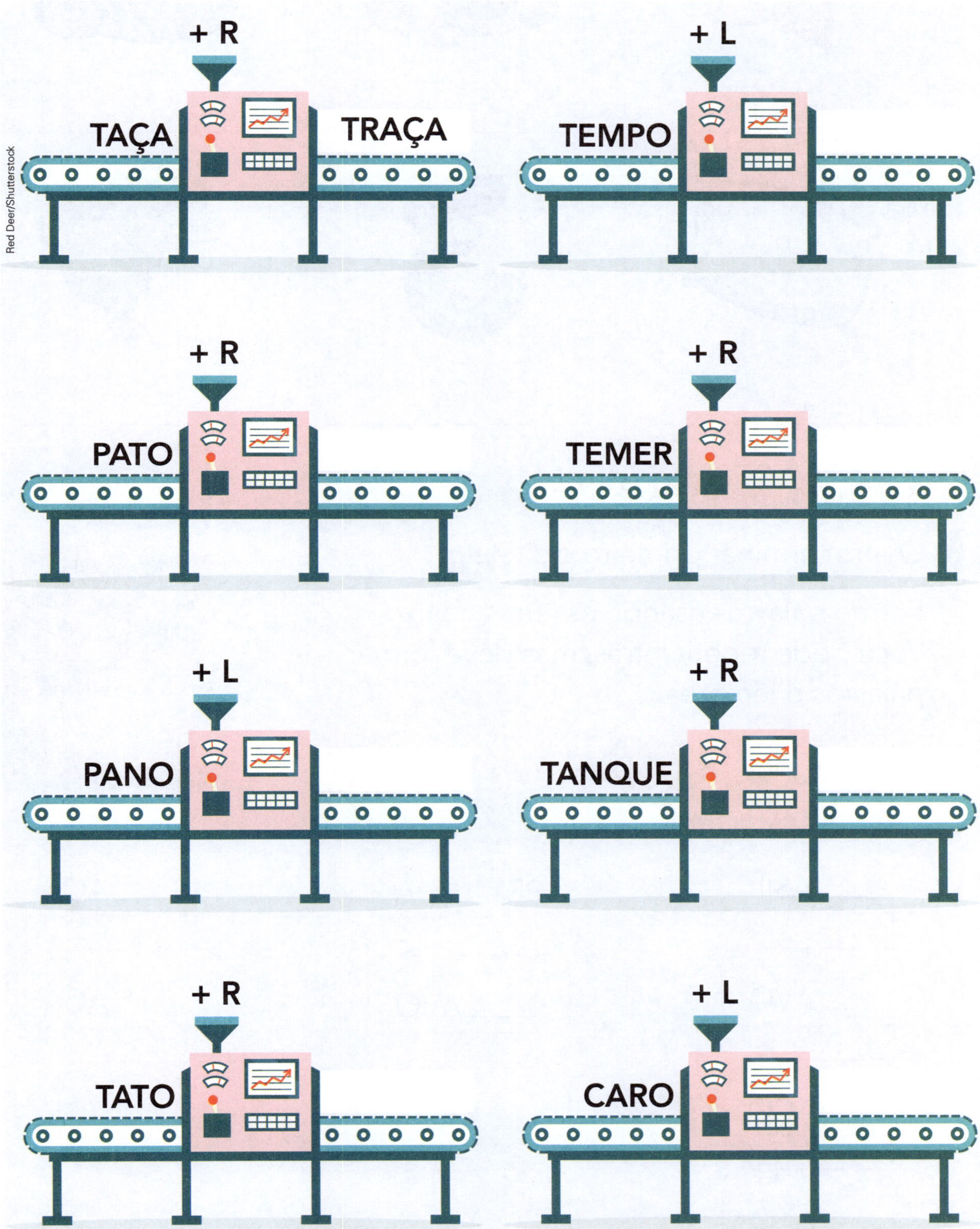

Red Deer/Shutterstock

6 Escreva o nome das figuras. Dica: todas têm encontro consonantal.

_______________ _______________ _______________

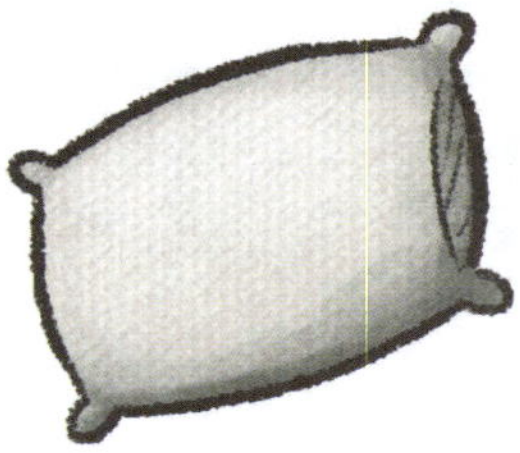

Ilustrações: Felipe Camêlo/Arquivo da editora

_______________ _______________ _______________

BRINCANDO COM PALAVRAS

1 Quem terminar primeiro diz: **Stop!**.

Forme palavras usando as letras abaixo. Você pode repetir letras, mas deve formar palavras diferentes.

Ilustra Cartoon/Arquivo da editora

R P B D T V G

____ASIL	PE ____A	____AÇA
____AVO	____AVO	____AÇA
____AÇO	____OCHE	____ADE
____ATO	PALA ____A	

2 Vamos brincar de bingo?
Preencha sua cartela formando palavras com os encontros consonantais abaixo. Não é necessário usar todas as combinações. O professor fará o sorteio dos encontros consonantais. Quem preencher primeiro a cartela grita **bingo!** e vence a partida.

1ª partida

BL CL FL GL PL TL

2ª partida

BR CR FR GR PR TR

Giz de Cera/Arquivo da editora

PRODUÇÃO DE TEXTO

A FÁBULA EM PROSA E VERSO

Ao final desta unidade, você e os colegas da turma vão produzir um livro de fábulas e de poemas. Além disso, vão também participar de um sarau, no qual poderão apresentar ao público os trabalhos de vocês. Para isso, precisamos dar continuidade à produção dos textos que vão compor o livro.

Proposta 1

Adaptar antigas fábulas para a linguagem de cordel é uma tarefa trabalhosa, mas que também pode ser divertida e agradável.

Leia esta fábula de Esopo:

O leão e o ratinho

Jean Galvão/Arquivo da editora

Um leão, cansado de tanto caçar, dormia espichado debaixo da sombra boa de uma árvore. Vieram uns ratinhos passear em cima dele e ele acordou. Todos conseguiram fugir, menos um, que o leão prendeu debaixo da pata. Tanto o ratinho pediu e implorou que o leão desistiu de esmagá-lo e deixou que fosse embora. Algum tempo depois o leão ficou preso na rede de uns caçadores. Não conseguindo se soltar, fazia a floresta inteira tremer com seus urros de raiva. Nisso apareceu o ratinho, e com seus dentes afiados roeu as cordas e soltou o leão.

Moral: Uma boa ação ganha outra.

(*Fábulas*. São Paulo: Companhia das Letrinhas,1994. p. 38.)

Veja agora parte da adaptação que o cordelista José Mário Dantas fez dessa fábula:

O leão e o ratinho

Estava um pobre leão,
Já cansado de caçar,
Espichado numa rede,
O dia todo a roncar,
Quando vieram ratinhos,
Sobre ele caminhar.

Ao despertar esse bicho,
O corpo todo mexeu,
Alguns correram ligeiros,
Na mata se escafedeu,
Ficou um preso na pata,
O leão beiço lambeu.

O ratinho implorou,
Com toda força que tinha,
Falou da sua família,
Dos filhotes e a ratinha...
Desistiu de esmagá-lo,
No início da noitinha.
[...]

Jean Galvão/Arquivo da editora

(Disponível em: www.recantodasletras.com.br/cordel/4708861. Acesso em: 2/2/2021.)

Dê continuidade ao cordel, contando em versos o restante da história. Siga a mesma estrutura do poema, ou seja, faça estrofes de seis versos, com rimas no 2º, no 4º e no 6º verso.

Proposta 2

Nesta unidade, você conheceu onze fábulas tradicionais e três fábulas modernas. São elas:

Fábulas tradicionais

- A tartaruga e a lebre
- O caranguejo e a raposa
- O cão e a concha
- O leão e o ratinho
- O sapo e o boi
- A raposa e o leão
- O ratinho da cidade e o ratinho do campo
- A raposa e a cegonha
- A cigarra e as formigas
- O mosquito e o touro
- A raposa e as uvas

BoxedFox/Shutterstock

Fábulas modernas

- A raposa e as uvas (de Millôr Fernandes)
- A raposa que queria salvar a pele
- O cachorro nervoso

Escolha uma dessas fábulas e transforme-a em cordel, ou seja, em um texto organizado em estrofes e versos.

Proposta 3

Escolha uma das fábulas que você produziu no capítulo 2 e a transforme em uma versão em cordel.

PLANEJAMENTO DO TEXTO

- Considere que seu texto vai ser publicado em um livro e lido por outras crianças, familiares, professores e funcionários.
- Escreva o título da fábula no alto da folha.
- A fábula deve ter animais que falam, pensam e se comportam como pessoas.
- Organize o texto em estrofes e versos, seguindo o padrão do cordel.
- Crie rimas no 2º, no 4º e no 6º verso, como fazem os cordelistas.
- Explore o ritmo e a musicalidade dos versos.
- Para ajudar a criar as rimas e o ritmo, tente fazer inversões na ordem direta das frases, tal como estudado no cordel no início do capítulo.
- Empregue pronomes pessoais para substituir palavras e evitar repetições e empregue pronomes possessivos para ligar palavras e ideias.
- Se quiser, inclua uma moral que resuma a ideia principal da fábula ou que transmita um ensinamento.
- Capriche na linguagem, que deve ser bem-cuidada e correta.

Zastolskiy Victor/Shutterstock

REVISÃO E REESCRITA

Antes de finalizar, verifique:

- A fábula apresenta título?
- Os personagens são animais que se comportam como seres humanos?
- A fábula tem um papel educativo, isto é, transmite um ensinamento aos leitores?
- Se há diálogos, eles estão bem-construídos, isto é, há travessão antes de cada fala? Fica claro quando quem fala é o narrador e quando quem fala são os personagens?
- O cordel está dividido em estrofes?
- As rimas e a musicalidade estão bem-trabalhadas?
- Há marcadores de tempo e de espaço?
- Os pronomes foram bem-empregados?
- A linguagem está bem-cuidada, como nos livros de fábulas?

Concluída a revisão, ilustre o texto, deixando-o pronto para ser incluído no livro que será produzido por toda a turma no final da unidade, na **Oficina de criação**.

Giz de Cera/Arquivo da editora

DIVIRTA-SE

Veja, a seguir, as ilustrações antigas de duas fábulas que você conheceu nesta unidade. Tente descobrir o nome dessas fábulas e, depois, verifique se acertou, lendo as respostas que estão de ponta-cabeça.

Reprodução/Coleção particular

Reprodução/British Library, Londres, Reino Unido

(1) A tartaruga e a lebre
(2) O cão e a concha
(3) O sapo e o boi
(4) A raposa e a cegonha
(5) A cigarra e as formigas
(6) A raposa e as uvas
(7) O ratinho da cidade e o ratinho do campo
(8) O caranguejo e a raposa
(9) O leão e o ratinho
(10) A raposa e o leão
(11) O mosquito e o touro

O ratinho da cidade e o ratinho do campo e O sapo e o boi.

OFICINA DE CRIAÇÃO

PROJETO: FÁBULAS DE ONTEM E DE HOJE

Para encerrar as atividades desta unidade, participe com os colegas da produção de um livro com as fábulas redigidas pela turma e da organização de um sarau para o lançamento do livro, no qual vocês vão apresentar ao público as fábulas que criaram.

1. Produção do livro e preparação do sarau

- **Reunindo o material produzido**

Recolham o material que vocês produziram nesta unidade: a fábula com o final escrito por vocês, o reconto de fábulas antigas, as fábulas modernas e as fábulas em cordel. Vejam se ainda é necessário passar a limpo algum texto e criar para ele novas ilustrações. É importante que os textos sejam escritos em papéis do mesmo tipo para compor o livro.

Giz de Cera/ Arquivo da editora

- **Montando o livro**

Façam uma capa, usando cartolina ou outro tipo de papel que também seja grosso. Escrevam o nome do livro, que pode ser **Fábulas de ontem e de hoje** ou outro que preferirem. Coloquem o nome dos autores (por exemplo: Alunos do 3º ano A). Finalizem com ilustrações.

Juntem à capa o material reunido e grampeiem ou mandem encadernar. Se tiverem dificuldade ao grampear, peçam ajuda ao professor ou a outro adulto.

- **Reunindo outros materiais**

Selecionem e copiem outros materiais relacionados com fábulas. Por exemplo, biografias de Esopo e de La Fontaine, outras fábulas que a turma não conhece, ilustrações de fábulas antigas e bonitas feitas por ilustradores famosos, como Charles Folkard, Edward Bawden, Charles Henry Bennett, Ernest Henry Griset, Randolph Caldecott, Walter Crane, Richard Heighway, Charles Robinson e Percy J. Billinghurst.

Granger/Shutterstock

Granger/Shutterstock

- **Preparando o sarau**

O sarau é uma apresentação artística ao vivo. Com a orientação do professor, selecionem o material que vai ser apresentado no dia do sarau. Podem ser as fábulas criadas ou recriadas, bem como os poemas que a turma produziu na forma de cordel.

Preparem, com o professor, a sequência das apresentações. Seria bom que todos os alunos participassem ao menos uma vez, seja fazendo uma leitura de fábula, seja declamando um cordel ou parte dele.

- **Convidando o público**

Preparem convites para enviar ao público: familiares, amigos, colegas de outras turmas, professores e funcionários. Escrevam nele uma mensagem do tipo "Fábulas de ontem e de hoje: lançamento de livro e sarau!". Informem o dia, o local e o horário do evento. Os convites poderão ser enviados por *e-mail*, por aplicativos de mensagens ou divulgados nos perfis da escola em redes sociais. Preparem também um cartaz para ser afixado em um lugar da escola por onde passa muita gente.

Giz de Cera/Arquivo da editora

2. Lançamento do livro e apresentação do sarau

No dia combinado, preparem o ambiente para expor o livro e para realizar as apresentações.

- **Expondo o livro**

Giz de Cera/Arquivo da editora

Com o professor, decidam o lugar para expor o livro e os materiais relacionados às fábulas que vocês reuniram. De preferência, deve ser um local com bastante circulação de pessoas, como um corredor, o pátio ou a biblioteca da escola. Preparem uma mesa para deixar o livro exposto sobre ela. Se possível, façam cópias do livro, para que mais pessoas possam vê-lo ao mesmo tempo. Pensem também em como expor os outros materiais relacionados às fábulas: em painéis, em murais, em cartazes afixados nas paredes, etc. Quando a exposição terminar, providenciem cópias do livro para todos os alunos da turma guardarem de lembrança. Se quiserem, poderão autografar os livros.

- **Apresentando o sarau**

Organizem-se de forma que todos possam se apresentar no sarau. Vocês podem, por exemplo, contar, individualmente ou em grupo, uma das fábulas que criaram ou que recriaram nesta unidade ou apresentar as fábulas produzidas na forma de cordel. Durante a apresentação, usem as técnicas que aprenderam durante a leitura expressiva das fábulas.

Giz de Cera/Arquivo da editora

BIBLIOGRAFIA

- BAGNO, Marcos. *Nada na língua é por acaso*: por uma pedagogia da variação linguística. São Paulo: Parábola, 2007.
- BAGNO, Marcos. *Preconceito linguístico*. 2. ed. São Paulo: Loyola, 1999.
- BAKHTIN, Mikhail. *Marxismo e filosofia da linguagem*. São Paulo: Hucitec, 1979.
- BAKHTIN, Mikhail. Os gêneros do discurso. *In*: BAKHTIN, Mikhail. *Estética da criação verbal*. 2. ed. São Paulo: Martins Fontes, 1997.
- BATISTA, Antônio Augusto G. *Aula de português*. São Paulo: Martins Fontes, 2001.
- BECHARA, Evanildo. *Moderna gramática portuguesa*. 37. ed. Rio de Janeiro: Lucerna, 2004.
- BRAIT, Beth (org.). *Bakhtin*: conceitos-chave. São Paulo: Contexto, 2005.
- BRANDÃO, Helena Nagamine (org.). *Gêneros do discurso na escola*. São Paulo: Cortez, 2000. v. 5.
- BRASIL. Secretaria de Educação Fundamental. *Parâmetros Curriculares Nacionais*: língua portuguesa. Brasília, DF: MEC/SEF, 1997.
- BRONCKART, Jean-Paul. *Atividade de linguagem, textos e discursos*. São Paulo: Educ, 1999.
- BUNZEN, Clecio; MENDONÇA, Márcia (org.). *Português no Ensino Médio e formação do professor*. São Paulo: Parábola, 2006.
- COSCARELLI, Carla V. (org.). *Tecnologias para aprender*. São Paulo: Parábola, 2016.
- DIONISIO, Angela P.; MACHADO, Anna R.; BEZERRA, Maria A. *Gêneros textuais & Ensino*. Rio de Janeiro: Lucerna, 2002.
- FÁVERO, Leonor; KOCH, Ingedore. *Linguística textual*. 2. ed. São Paulo: Cortez, 1988.
- ILARI, Rodolfo. *Introdução à semântica*: brincando com a gramática. São Paulo: Contexto, 2001.
- ILARI, Rodolfo. *Introdução ao estudo do léxico*: brincando com as palavras. São Paulo: Contexto, 2002.
- ILARI, Rodolfo; GERALDI, J. W. *Semântica*. 3. ed. São Paulo: Ática, 1987.
- ILARI, Rodolfo; BASSO, Renato. *O português da gente*: a língua que estudamos, a língua que falamos. São Paulo: Contexto, 2006.
- KLEIMAN, Angela B.; MORAES, Silvia E. *Leitura e interdisciplinaridade*. Campinas: Mercado de Letras, 1999.
- KLEIMAN, Angela B.; SEPULVEDA, C. *Oficina de gramática*: metalinguagem para principiantes. Campinas: Pontes, 2012.
- KOCH, Ingedore Villaça. *O texto e a construção dos sentidos*. 9. ed. São Paulo: Contexto, 2008.
- KOCH, Ingedore Villaça; TRAVAGLIA, Luiz C. *A coerência textual*. São Paulo: Contexto, 1991.
- KOCH, Ingedore Villaça; TRAVAGLIA, Luiz C. *Texto e coerência*. 4. ed. São Paulo: Cortez, 1995.
- MAINGUENAU. *Análise de textos de comunicação*. São Paulo: Cortez, 2001.
- MARCUSCHI, Luiz Antônio; XAVIER, Antônio Carlos. *Hipertexto e gêneros digitais*: novas formas de construção do sentido. Rio de Janeiro: Lucerna, 2004.
- MORAIS, Artur Gomes de. *Ortografia*: ensinar e aprender. 4. ed. São Paulo: Ática, 2003.
- NEVES, Maria Helena Moura. *Gramática de usos do português*. São Paulo: Ed. da Unesp, 2000.
- NEVES, Maria Helena Moura. *Guia de uso do português*: confrontando regras e usos. São Paulo: Ed. da Unesp, 2003.
- PERINI, Mário. *A gramática descritiva do português*. 2. ed. São Paulo: Ática, 1996.
- PERRENOUD, Philippe. *Construir as competências desde a escola*. Porto Alegre: Artmed, 1999.
- ROJO, Roxane (org.). *A prática de linguagem em sala de aula*: praticando os PCNs. São Paulo: Educ; Campinas: Mercado de Letras, 2000.
- SCHNEUWLY, Bernard; DOLZ, Joaquim. *Gêneros orais e escritos na escola*. Tradução de Roxane Rojo e Glaís Sales Cordeiro. Campinas: Mercado de Letras, 2004.
- SOLÉ, Isabel. *Estratégias de leitura*. 6. ed. Porto Alegre: Artmed, 1998.
- TRAVAGLIA, Luiz Carlos. *Gramática*: ensino plural. São Paulo: Cortez, 2003.
- TRAVAGLIA, Luiz Carlos. *Gramática e interação*: uma proposta para o ensino de gramática no 1º e 2º graus. São Paulo: Cortez, 1996.
- VYGOTSKY, L. S. *Pensamento e linguagem*. São Paulo: Martins Fontes, 1993.

QUINTA-FEIRA

_______________ ___/___/___

6

SEXTA-FEIRA

_______________ ___/___/___

7

SÁBADO

___________ ___/___/___

8

QUARTA-FEIRA

___________ ___/___/___

5

TERÇA-FEIRA

___ / ___ / ___

4

9

DOMINGO

___ / ___ / ___

Ilustra Cartoon/Arquivo da editora

ANOTAÇÕES

10

SEGUNDA-FEIRA

/ /

3

Ilustra Cartoon/Arquivo da editora

Ilustra Cartoon/Arquivo da editora

Lukasz Stefanski/Shutterstock

charnsitr/Shutterstock

Lukasz Stefanski/Shutterstock

T. Lesia/Shutterstock

Shutterstock

Evikka/Shutterstock

andriano.cz/Shutterstock

roihun matpor/Shutterstock